日本史教科書検定三十五年

教科書調査官が回顧する

照沼康孝

吉川弘文館

はしがき

照沼康孝氏は、東京大学大学院修了後、昭和五十八（一九八三）年に文部省（当時）に入省してから平成三十（二〇一八）年に退職するまで、初等中等教育局教科書調査官・同主任教科書調査官として、三十五年にわたって高等学校日本史教科書・中学校歴史教科書・小学校社会科教科書の検定に携わってきた。その間に起こった家永第三次訴訟、新編日本史問題、新しい歴史教科書問題、沖縄戦検定問題など日本史教科書検定をめぐる問題に一方の当事者として大きく関わった。豊富な知識と経験をもつ「平成のミスター検定」とも呼びうる唯一無二の存在である。

これまで日本史教科書調査官の発言は、村尾次郎氏・時野谷滋氏のものが公刊されているが、いずれも昭和の家永裁判に関するものであった。その後も日本史教科書検定をめぐって数々の問題が起こったが、それらについては著者・発行者側の発言のみが公にされ、もう一方の当事者である教科書調査官の発言が公にされることはなかった。なかには国会審議などを通じて文部科学大臣や同省幹部が答弁している問題もあるが、検定の経緯や省内あるいは審議会の内部事情は今日まで秘されたままである。この回顧録は、その一部を初めて公にしている点でも意義深い。

照沼氏の回顧録は、教育史はいうに及ばず、日本近現代史にも一石を投じるものとなろう。また、本書が日本史教科書や教科書検定の問題に関心をもつ多くの人々の目にとまることで、照沼氏が保管している教科書検定関係文書（検定の経緯を示す私的メモ）の重要性が認知され、保存の動きが巻き起こることも期待される。

照沼氏が執筆した本文に登場する人物・出来事、あるいは事実関係等に関して補足する必要があると判断した部分には、読者の便宜に供するための注を高橋が施した。また、本書の解説として、教科書や教科書検定に関する制度的な説明を高橋が、照沼氏の人柄やその業績の学問的な位置づけについて村瀬が執筆した文章を付した。さらに、照沼氏の同僚として日本史教科書調査官を務められた方々に、「私が体験した教科書検定——照沼氏の回顧録に寄せて」というテーマで寄稿していただいた。あわせてお読みいただければと思う。

村瀬信一
高橋秀樹

目　次

◆

◆

解　説

私が体験した教科書検定――照沼氏の回顧録に寄せて

日本史教科書検定三十五年

照沼康孝

はじめに

私は三十一歳で教科書調査官になった時、まさか定年まで勤めるとは思わなかった。なるべく早く大学などの研究機関に移るつもりでいた。それが、自分の努力不足と家庭の事情などで、結局定年まで勤めることになってしまった。その間、いろいろなことがあったが、少なくとも同僚などには恵まれ、そう居心地の悪い職場ではなかった。もちろん、職務上多くの困難に遭遇し、決して楽な職務ではなかったが。

これから三十五年の調査官時代のことを少し記しておくことにしよう。ただし、私は日記をつけていないし、書類その他をきっちり整理しているわけでもないから、もっぱら記憶に頼って記すほかない。また現在体調がよくなく、十分に調査したり、過去の資料を調べたりすることもままならない。それゆえ、記憶違いの点は多々あるに違いない。人間の記憶はそんなに確かなものとはとても思えない。

近年、政治家・官僚をはじめとして、多くの人々に対してインタビュー、聴き取りといった手法が行われており、オーラル・ヒストリーとして、現在の歴史学を中心に、非常に有効な手段とされている。私も、卒業論文を書くときに指導教官だった伊藤隆《いとうたかし》教授[1]の勧めもあって、政治家や元政治家の方々数人の聴き取りを行い、その後もいろいろな方々の聴き取りに参加してきた。それ自体は、非常に面白く、興味深いものであった。ただ、それらの聴き取りは千差万別であり、非常に正確に記憶し、さらに手元資料に基づいて話される方から、ほとんど一つの講談話のように出来上がったストーリーをとうとうと述べられる方まで、いろいろであり、その信憑性は他の資料と突き合わせ、確認する必要があったことは当然であった。

私はそんなに記憶力がいい方ではないし、手帳ぐらいは持っているが、年齢を重ねるに従って、だんだんと昔の記憶は薄らいできている。また過去の事象の前後関係も不明確になってきている。それゆえ、これから私の記すことは、必ずしも正確なものとは言いがたい。読まれる方は、それを十分承知の上でお読みいただきたい。そして、他の史料と突き合わせて、事実関係を確認していただきたい。

また以下に記すことは、私の経験したことであり、法的な検定制度の位置づけ、教育上の位置づけなどに触れるつもりはないし、その能力もない。最初から逃げを打っているようで申し訳ないが、今できることはこれしかない。そのつもりでお読みいただければ幸いである。

教科書調査官就任まで

昭和五十八（一九八三）年、大学院の博士課程五年目に在学していた私は、それまでにいくつかの大学教員の公募に応募していたが、ことごとく不首尾に終わっていた。運もなかったのだろうが、それまでの業績があまり評価されなかったのだろう。博士課程の在学の限度は五年[2]であり、三月末で博士課程単位取得満期退学ということになるため、伊藤隆教授の推薦で、日本学術振興会奨励研究員[3]に応募し、四月からの採用が決まっていた。

そうした中、四月中旬に伊藤教授から一通の手紙を示された。それは、文部省の時野谷《ときのや》滋《しげる》氏[4]からのものであった。時野谷氏については、私が東京大学文学部国史学科四年生の時、氏のご次男が一学年下に進学してきており、その折、彼の父親は文部省で教科書検定に携わっている人間で、右翼だということを聞いていたこともあって、お名前だけは知っていたが、まったく関心はなかった。

それに前年の昭和五十七（一九八二）年には、日本史教科書のいわゆる「侵略・進出」問題[5]が起こって、大きな国際問題となっており、それについては新聞・テレビなどを通じて承知はしていた。近代史を研究している身からすれば、「侵略」という表現が文脈の中でどう記述されているかが重要であり、それを「進出」に訂正しなければならないとは思えなかった。だから、新聞報道などで知る範囲では、文部省の措置は国家権力の乱用ではないかという感想を抱いていた。

時野谷氏の手紙は、伊藤教授のところの学生の照沼氏を教科書調査官として迎えたいが、どうだろうかといった内容だったと記憶している。

これには正直びっくりした。そういう職業があることは知っていたが、まさか自分のところにまわってくるとは夢想だにしなかった。ただ、研究者が執筆したものがすべて適切かというと、それにも疑問が残る。抑制した範囲内で行われる教科書検定は必ずしも否定されるものではないかもしれないとは思っていた。それに、四月からの大学専任教員ポストの当てはないし、伊藤教授からも一応話だけでも聞いてみたらどうかとの助言をいただき、文部省に話を聞きに行くことにした。

教科書さらに「戦前」復権へ

文部省 高校社会中心に検定強化

「侵略」表現薄める

古代の天皇にも敬語

国民意識統合ねらう

「検定の密室化」も着々

新しい高校社会科教科書＝文部省で

1 「侵略・進出」問題を報じる新聞記事（1982 年 6 月 26 日付朝日新聞）

六月に入ってからだと思うが、何の予備知識もなく文部省に話を聞きに行った。対応してくださったのは、時野谷氏のほか、日本史担当の嵐義人《あらしよしんど》調査官⑥、森茂暁《もりしげあき》調査官⑦、世界史担当の森義信《もりよしのぶ》調査官⑧だったように記憶している。時野谷氏からは、検定制度の必要性を聞いたようだった。それ以外の記憶はない。その際、一番熱心に話をされたのは森義信さんだった。だから、その時点ではてっきり森さんは日本史の担当だと勘違いした。のちに聞いた話では、森さんは時野谷さんから、何とか照沼を口説き落とすように言われていたとのことであった。驚いたことに、あとにも述べるように前年の「侵略・進出」問題に際して、日本史担当の教科書調査官には、近現代史を専門とする調査官がいなかったので、急遽増員となったようであった。

それでも私は即答しなかった。もう少し考えさせてほしいと返事した。大学院に進学した時から考え、想定していた大学教員もしくは研究職ではないし、どう考えても世の中からよく言われているポストではなかったからである。そこで何とか一年先に延ばせないかと考えた。そしてその間に別の話が来ることを期待した。ちょっと話が来たのは徳川林政史研究所⑨であったが、それは常勤のポストではなかった。伊藤教授も断った方がいいだろうという見解だったように思う。しかし、結局常勤の研究職のポストは来なかった。

八月終わりごろだったろうか、伊藤教授から、「文部省がそろそろ結論を出してほしいといってきた、どうする」と言われた。それ以前にいろいろな方々にご意見を承った。最初は御厨貴《みくりやたかし》さん⑩だったように思う。一つの経験としてしばらくやってみるのもいいのではないか、というご意見だった。その次は、先輩の三谷博《みたにひろし》さん⑪、ついで佐々木隆《ささきたかし》さん⑫、さらにお伺いしたのは、当時国立歴史民俗博物館の館長だった土田直鎮《つちだなおしげ》先生⑬だった。土田先生は東京大学の百年史編集室の室長として大変お世話になっていた。そこで歴博の館長室をお訪ねして、いろいろお話を伺ったが、最後に一言「見る人は見ている」とおっしゃった。そして最後は坂野潤治《ばんのじゅんじ》先生⑭だったように記憶している。坂野先生は銀座の三原橋の寿司屋でご馳走してくださり、そのあと銀座七丁目あたりのバーへ連れて行ってくださった。やはり御厨さんと同様に、積極的に勧めるものではないが、いい経験になるのではないかというお話であった。

こうした方々のご意見もあり、このままずるずるしていても仕方がないと考え、文部省に行くことを返事した。だから、国家公務員になることになったものの、公務員試験は受

2　土田直鎮歓送会にて（1983年4月．中央が土田先生，右から3人目が筆者，左が伊藤隆教授．狐塚裕子氏提供）

けていない。特別任用ということのようだ。余計な話だが、数年後に結婚して住んだ公務員宿舎の近所のクリーニング屋さんで、「難しい試験を通って公務員になられたのでしょう」と言われたときは、返答に窮した。

　九月にはいろいろな手続きが続いた。履歴書をはじめとする書類の提出、そして当時の初等中等教育局担当の菱村《ひしむら》幸彦《ゆきひこ》審議官[15]の面接を受けた記憶がある。書類の中には、「私は、国民全体の奉仕者として公共の利益のために勤務すべき責務を深く自覚し、日本国憲法を遵守し、並びに法令及び上司の職務上の命令に従い、不偏不党かつ公正に職務の遂行にあたることを固く誓います」という誓約書があり、署名して提出した。

こういう経緯で私は教科書調査官になったのであり、のちに沖縄戦の記述が問題化した際に、伊藤教授によって送り込まれたなどという報道⑯も一部にあったが、それはまったく誤りである。一種の陰謀史観というのか、憶測から勝手に事象をつなげ、あたかも事実であるかのように伝える記事などが常に存在するのは、非常に由々しき事態であるし、多くの報道がなされたことで、史料として残ることは、後世の人々にとって重大な問題を残すことになるだろう。逆に我々が歴史研究者として見ている史料も、どこまで事実を伝えているか非常に難しい問題があると痛感した。そもそも伊藤教授も、「三年ぐらいやってみたらどうか、あまりまじめに仕事をするな」といった感じだった。

教科書調査官に就任

昭和五十八（一九八三）年十月一日、文部省に行き辞令を受け取った。誰から交付されたか記憶はない。いずれにしても、その日から教科書調査官の生活が始まった。とはいえ正確にいうと教科書調査官ではなかった。正式の辞令には、たしか教科書検定課[17]の一般職の「文部省事務官」とあり、別の省内限りのものに「教科書調査官心得《こころえ》」と記されていた。つまり、年齢・職歴などから正式の教科書調査官ではなく、一般の事務官としての採用であった。ただ、その肩書では、検定業務を行い、検定意見を伝達するのに、まったくの素人の事務官が行っているかのように映ってしまうため、たしか森茂暁調査官が直訴して、「教科書調査官心得」という職名を名乗ることができるようになったとのことであった。その後しばらくして「教科書検定課専門職員」となり、そして、数年後ようやく正式の「教科書調査官」[18]となった。だから教科書検定についていろいろ話題になるにしても、我々は一介の事務官であり、特別な待遇を受けることはなかった[19]。

また、現在の文部科学省の組織図でもそうだが、教科書調査官は教科書課に所属しているように書かれている。実質的にはその通りで、教科書課長の管轄下にあるのだが、形式的には初等中等教育局直属となっている。詳しい文部科学省幹部名鑑でも、教科書課とは区別して記載されている。文部省設置規則では、「教科書調査官の職務については、教科書課長が総括する」とされており、形式的には上司ではないとされていた。だから、時野谷主任調査官や政治担当の後藤二郎《ごとうじろう》主任調査官に何か用があると、当時の検定課長が調査官室に出向いてくることもままあったし、年長であるお二方に対しては、かなり丁寧な態度で接していたように思う。お二人が退職された後は、なし崩し的に調査官側から出向くようになっていったが。

就職したことで、当然のことながら生活は一変した。一応毎日役所に出勤することになっていたが、調査官室には、特に近代史の資料類がきわめて乏しく、調査のための外出はまったく制限がなかった。そのため国立国会図書館や東大の研究室へ行くことにもなった。時野谷氏・嵐氏は古代史が専門であり、森茂暁氏は中世史が専門であった。つまり、私が着任するまで、日本史の教科書調査官には近代史を専門とする人間はおらず、問題となる近代史の記述について、その時代を専門とする人間がいない中で検定は行われていたのである。いわゆる「侵略・進出」問題を契機に、近現代史専攻の教科書調査官が一名増員されたわけである。そのため、私には前任者がおらず、他の事務官と比べて、調査官用のかなり偉そうな机⑳、椅子も新品だった。

当時の教科書調査官室には秘書の女性がいた㉑。男女雇用機会均等法成立のはるか以前であった。女性たちは三年任期の、主に女子大学を出た人たちであり、朝出勤するとお茶を出してくれ、新聞で必要な記事がある場合は、その記事を囲んでおくと切り抜いて届けてくれた。毎年年明けの、いわゆる御用始めの日には、こうした女性の多くは振袖を着て出勤してきた。のどかと言えばのどかだが、女性の能力を無駄にしていた時代であった。お茶くらい自分でいれるべきであった。ただこういう女性たちも、人員の削減ということで、次第にいなくなっていき、ある時期から皆無となった。

教科書調査官としての最初の一日目は、官房審議官[22]、他の科目の教科書調査官、学習指導要領などの作成に携わる教科調査官[23]などへの挨拶まわりで終わった。昼食は調査官室のすぐ隣にあった食堂だった記憶がある。その後も大体毎日食堂で昼食をとったが、多くの場合、日本史担当の四人が一緒だった。

時野谷氏はきわめて謹厳実直な方で、常日頃「研究なくして検定なし」とおっしゃっており、食事中も雑談、世間話の類はほとんどしなかった。だからといって何もしゃべらないわけではなく、もっぱら古代史・中世史に関する研究の話だった。私だけまったくの門外漢であり、ただ黙って食事するばかりであった。時野谷氏の研究姿勢はきわめて実証的で、見習うべきものは多々あった。ただその考え方には必ずしも一致できないものがあった。氏は、戦前期の東京帝国大学教授平泉澄《ひらいずみきよし》氏[24]の晩年の弟子であり、平泉氏を非常に尊敬していたが、私は、文部省に就職する以前に在籍した東大百年史編集室時代に、福井県勝山市平泉寺にある平泉氏の自宅、白山神社に伊藤教授たちと伺い、平泉氏の東大時代

3　平泉寺白山神社前にて（左端は伊藤隆教授.狐塚裕子氏提供）

についてインタビューしたことがあった㉕。その際の平泉氏に対する我々の印象は、伊藤教授を含めて、必ずしもよいものではなかった。

それまで大学では、ゼミの後のゼミ参加者や、大学院生時代にずっと携わってきた東京大学百年史編纂のための百年史編集室の室員仲間と、和気藹藹《わきあいあい》でにぎやかに食事をしてきたのだから、その状況とは一変した食事となった。毎日非常に緊張したものとなった。たまに東大百年史の同僚だった人間と飲むと、羽目を外して飲みすぎることも何度かあった。

調査官室自体も、社会科の部分㉖では、時野谷氏と、後藤主任調査官が一番奥の窓側に座っており、後藤氏も寡黙な方であったので、お二人がいらっしゃるときは社会科の部分は大体静寂に包まれているという記憶しかない。ただお二人が不在の時は、若い調査官たちは結構おしゃべりしていたように思う。

二日目からは、高等学校卒業以来、ほとんど読んだことのなかった日本史の教科書（正式名称は「教科用図書」）をひたすら読むこととなった。現在でも多くの高等学校では一種類の教科書をテキストにしていると思うが、私の卒業した高校でも一種類の教科書、それも今も大学受験に定評のある山川出版社のものだけを使用していた。調査官になって初めていろいろな教科書を読むこととなり、各社で結構違いのあることを知った。

教科書調査官という身分

たしか十月十七日だったと思う。初めての給料日だった。それまで給料がいくらかまったく知らされていなかったし、聞こうともしなかった。現在と異なり、現金で支給された。その額の少なさに驚愕した。聞けば最初の月は、諸手当がまったくつかず、翌月にそれが支給されるということであった。それにしても、三十歳を過ぎてからの給料としては予想とはだいぶ異なるものであった。

その給料袋を持って帰宅し、父母に見せたところ、民間会社のサラリーマンだった父は、「公務員の給料が安いとは聞いていたが、これほど安いとは」と絶句し、母は、「結婚する時には、しばらく援助しないといけないわね」と嘆いた。後で聞いたところによると、大学院の経歴は正規期間のみ、それも半分でカウントされるということだった。私の一年半後に、前述の後藤主任調査官の後任として着任した、京都大学の高坂正堯《こうさかまさたか》教授[27]の教え子だった佐古丞《さこすすむ》調査官[28]は、四月の給料日に「これは半月分やろ」と言ったところ、周囲から一か月分だと言われて言葉を失い、ショックからか体調不良になったとして早退してしまった。一度住友銀行に勤務した経験のある彼にとっては、信じられない額だったのだろう。私もその後結婚した際、私立短大の助手だった妻の年収より少なかったことにショックを受けた。就職する時、待遇の話はまったくされなかった。

その後は、昇給で多少優遇されたように思うし、西岡武夫《にしおかたけお》文部大臣㉙の時、教科書調査官の給与を二号俸一斉に上げる措置がなされ、我々は喜んだものである。比較のしようがないが、徐々に人並みになっていったように思う。

ただ、教科書調査官は当時の日本育英会（現、独立行政法人日本学生支援機構）の奨学金返還免除職ではなかった。就職はしたものの、三百万円近い借金を返すこととなった。最後のころにまとめて返済したが、結局全額返済し終えるのに十年以上かかったように記憶している。

教科書検定制度において教科書調査官は中心的役割を担う存在で、省内では一応「先生」とは呼ばれているものの、現在でもそれほど重視されているとは思えない存在である。

しばらく後のことだが、日本史調査官に一名の欠員が出た際、こちらが推薦した人物に対して、なかなかゴーサインが出ず、結局採用になったのは六月一日であった。その人物も定職はないものの、いろいろな非常勤講師の仕事をしており、四月になっても採用の見込がはっきりしない、中途半端な状況を強いたことは本当に心苦しかった。

さらに、その後また同様なことがあり、その際は九月採用だったが、なかなか最終決定がなされず、すでに出講していたいくつかの大学の非常勤講師を前期いっぱいまで急遽退職してもらわざるを得なくなった。

対外的には話題になることが多い教科書調査官だが、文部科学省においては単なる事務官であり、選考基準では「担当教科について、大学の教授又は准教授の経歴がある者又はこれらに準ずる高度に専門的な学識及び経験を有すると認められる者」となっていて、専門家として大学教授クラスの者を採用するとはなっている㉚が、まったくそれに見合った処遇をされた記憶はない。また当時は日本育英会には、小中高等学校、大学の教員に就職する者に対して、さらには文部大臣が指定する研究所の研究職員などに対して、奨学金の返還を免除する規定があったが、教科書調査官は行政職の事務官であり、そのいずれにも該当しないとのことで、就職と同時に奨学金の返還義務が生じることとなった。これに対しても何らの対応はなされなかった。若いころ何度か事務に申し入れたことがあったが、教科書課長以下の担当官は数年で異動してしまい、引き継がれることはなかった。また科学研究費の申請についても、研究職ではないということで、一般の大学教員に比べて非常に不利な立場であった[31]。

ことほど左様に、外交問題、政治問題が起きた時だけ、政治家たちからも教科書調査官は注目され、表舞台に引っ張り出されることがあったが、日常的には実際は教科書課長の指示のもとに業務をこなしていたといっていいだろう。つまり採用も含めて、日常的にはまったく軽視された存在だったといっても過言ではない。

教科書検定の実務

話を戻そう。私は先に記したように昭和五十八年十月一日の着任以降、まず教科書を読むことから始めた。ひたすら読んだ。新任の公務員であるから、現在でも四月入省に際しては初任者研修が行われているはずだが、まったくそういったものはなかった。

そうしているうちにすぐに新たな検定の申請があった。当時の制度ではほぼ十年ごとの学習指導要領の改訂に際して行われる全面改訂以外に、途中で教科書の四分の一を改訂する、いわゆる「四分の一改訂」と呼ばれていた改訂制度があったが、この年はそれがまわってきた。

社会科の教科書検定では、おそらく現在もそうであろうが、一冊ごとに主査と副査を決めて行っていた。この時申請された日本史の教科書は十冊くらいだったと思うが、新人の私が主査となることはなく、すべての教科書の副査をするように言われた。

部分改訂（四分の一改訂）の検定に申請された図書の現物は、使用されている図書の、改訂を希望する箇所に改訂する文章を糊付けしたものであり、全体としてぼってりと厚くなった非常に扱いづらいものであった。検定申請時にそれは数冊しか提出されていなかった。主査と副査に一冊ずつ渡されたが、主査・副査以外の社会科担当教科書調査官は、回覧本と称する一冊を回し読みする。そして、気になる箇所に付箋を貼っていく。皆が付箋を貼るとさらにぼってりとした厚い本になる。主査は自分の担当本をじっくり読み込むとともに、最後に回覧本の付箋を集めてそれらを総合して検討し、調査意見書の原案を作る。調査意見書の程度や作り方は調査官ごとにいろいろであった。それ以前に、問題となる箇所はだいたい目星がついており、日本史担当の四人で打ち合わせをして、おおよその線は確認しておいたように記憶している。

そして、そのころは社会科調査官内部の会議に諮り、重要な箇所を説明して、調査意見書の原案に、社会科担当調査官全員の印鑑をもらう、ということをしていた。おおよそ主査の説明通りに、了承されていたと思う。

この年の検定での注意すべき箇所は、のちに裁判になったから記憶に残っている。特に記憶しているのは、家永三郎《いえながさぶろう》教授[32]執筆の教科書中の、幕末の赤報隊《せきほうたい》[33]の記述、南京事件（南京大虐殺）[34]の記述、七三一《ななさんいち》部隊[35]、沖縄戦[36]の記述などである。いずれも事象そのものは知ってはいたが、詳細な事実関係はほとんど知識がなく、それまでの検定方針を聞くばかりだった。赤報隊についての事実関係は、いまだにすべてが明らかになっているわけではないのではなかろうか。どこまで教科書に断定的に記述できるかは微妙なところであろう。南京大虐殺に関しては、私自身としては、その存在は否定できないものであろうと考えていたが、「女性の貞操」といった表現は、当否よりも古めかしい表現だというのが第一印象だった。だから私個人としては致し方ないかなとも思ったが、主査の時野谷調査官は、やはり不適切だという判断で、意見を付すことになった。七三一部隊については、やはり実態がなお十分に解明されていない、教科書に記述するには時期尚早ではないかということで意見を付すことになった。ただ、七三一部隊については、問題化してから多くの研究書・論文などが世に出るようになった。こうした箇所がのちに家永第三次訴訟という裁判となった。

こうした教科書調査官内部の検討の後、調査意見書が作成され、教科用図書検定調査審議会（検定審）にかけられた。しかし、検定申請された現物の白表紙本[37]は審議会委員の手元に行くわけではなく、意見を付す主な箇所のコピーを示してご意見をお聞きしたように記憶している。審議会委員にも事前に白表紙本が配布される現在の制度とは異なるものの、まったくのフリーパスというわけではなかったはずである。

審議会の中で面白いと思ったのは、「ご承知」とか「ご存知」と同じ意味で「ご案内」という言葉が多用されていたことである。確かに辞書などにはそうした意味も記されているが、私にとっては耳新しい言葉だった。これは官庁独特の用語だと知った。

文部省が作成した調査意見書は、審議会を経て検定意見書として確定される。最終的には検定結果が文部大臣に答申されることになるが、その答申案に基づいて、検定意見が出版社側に伝達されることになる。当時この伝達は「条件指示」と呼ばれていた。これが著者・発行者側との対面の場となった。まず記憶に残っているのは、永原慶二《ながはらけいじ》教授㊳であった。お会いするのは初めてであったが、本当に端正な上品な方だった。大きな対立点はなかったように思う。

家永教科書裁判

次にお会いしたのは家永三郎教授だったと記憶している。家永教授は温厚な対応だったが、若い執筆協力者の方は、かなりケンカ腰だった。そこで問題となったのは、後日訴訟を提起された箇所だった。その中で記憶にあるのは、日清戦争の際の東学の乱（甲午農民戦争）について、時野谷主査が、戦争勃発後に起きた蜂起は東学の再起ではないかと尋ねたところ、家永教授がまったく別物であると明言されたことである。その後ある学会誌で、その趣旨を補強する論文が出されたが、現在そのような学説は広く認められていないのではないだろうか。

それ以外に私は改訂箇所以外、つまりすでに認められている箇所で、一、二点気になる点をお伝えした。そのうちの一点は写真の説明だった。戦前期の、有楽町駅から見た写真だった。説明では東京駅方向を見たものとされていたが、線路の左側に堀のようなものが映っており、いろいろ調べた結果新橋駅方向を見たものだろうと思われた。それを指摘したところ、年配の編集の方がそんなはずはないと真っ向から否定された。どの教科書でも多くの場合、写真など参考とするものは編集サイドの仕事である。もう一度調査をお願いした。これはのちに、訂正申請がなされた。

この年の検定は昭和五十五（一九八〇）年度の検定と合わせて、いわゆる家永第三次訴訟として提起された。今思うと誠に申し訳ないことだが、望んでなったわけではなく、自分では当時世間で言われていた「でもしか先生」ならぬ、「でもしか調査官」という意識であり、前後の事情もよくわからなかったというのが実情であった。だから、裁判の訴状の中に、副査として自分の名前があった時は、覚悟はしていたものの、やはり気が滅入った。

その後の裁判では、教科書検定課の担当者、法務省の担当官、弁護士ら、そして時野谷氏が対応に当たっており、我々若い調査官には、その間の経過はあまり知らされず、関与することも少なかった。国側の証人をお願いした秦郁彦《はたいくひこ》氏㊴との打ち合わせに同席した記憶はある。そのほか一審だったか二審だったかの記憶も定かではないが、二度ほど裁判の傍聴に行った。それは時野谷氏が証人として法廷に立たれるということで㊵、傍聴券を用意するから行きたい者は行けということだったように思う。

裁判所では家永教授支援団体の人たちが大勢集まり、我々は国側だと悟られないように小さくなっていた。時野谷氏の証言内容はまったく記憶がない。ただ覚えているのは、証言が終わった後、時野谷氏が家永教授のところへ行って、丁寧に挨拶し、家永教授もそれに穏やかに対応されているのを見て、驚愕した。きれいごと風に言えば、立場を越えて同じ日本史の研究者、同じ研究室の先輩後輩ということで礼を尽くしたということなのかとも思った。

裁判の経過はほとんど知らされなかったとはいえ、少しずつ聞こえてくる話からは、裁判特有の難しさが感じられた。というのは、当初の検定意見の趣旨からだんだん双方とも別の論理に移っていっているような感じがした。最初我々が理解していた検定の趣旨からはだいぶ遠のいたように感じられた。歴史に関する問題を裁判所が判断すること自体に無理があったのではないかと思ったが、結局それが裁判というものなのかとも思った。

この裁判の間に、いわゆる家永第一次訴訟での検定制度の合憲が確定し㊶、胸をなでおろすとともに、より抑制的な検定が必要であることを痛感した。ただ、双方から様々な主張がなされたが、裁判が終わってしまうと、それらの主張の妥当性の有無はまったく忘れられ、検証されることはなかった。それらの主張について、学会誌などで正当性を主張する論文もあったが、それに沿った記述の教科書が申請される場合は少なかった。我々も毎年の検定に追われ、それを再確認することはしなかった。

この裁判をはじめとして強く感じたことは、教科書検定は国の行政処分であり、もっと大きく言えば国家権力の行使であるということである。民間の作成する教科書に対して、国家権力を発動するのであるから、可能な限り抑制的に行うべきだと感じた。残念ながら、その後の経験では政治の介入もあり、すべてがそのようにできたわけではなかった。そうした基本的な姿勢は、私の後から就任した調査官にはできるだけ伝えるようにはしたつもりだ。ただ、やはり左右の政治的な対立の中で、翻弄されたことは否定できない。

翌昭和五十九（一九八四）年度は小学校検定の年だった。私も二、三冊主査として担当したように記憶しているが、国旗や国歌、天皇の扱いなどの問題はあったものの、あまり大きな問題はなかったように思う。この年度で、時野谷主任調査官は定年退官された。同時に森茂暁調査官も転出された。お二人の後任として、すでに一月に近世史の寺田登《てらだのぼる》調査官[42]が着任しており、四月には中世史の関幸彦《せきゆきひこ》調査官[43]が入省して、日本史は一気に若返った。

新編日本史問題

昭和六十一年、当時の皇太子（現、上皇）ご夫妻の訪韓が予定されていた[44]。そこへ降ってわいたように、大変なニュースが入ってきた。いわゆる右側の新しい高等学校日本史の教科書[45]が申請されるという話だった。それを聞いてすぐ思ったのは、皇太子ご夫妻の訪韓は無理になるだろうということだった。

そして、いわゆる白表紙本が我々のところにやってきた。主査は嵐調査官、副査は私となった。そして、世界史担当の調査官三人と合同で対処することになり、かなり早い時期から検討を重ねた。その中でまず問題となったのは、前近代の天皇に対する敬体表現だった。小学校の学習指導要領では天皇に対する適切な表現を求めているが、それは現在の天皇に対してであり、歴史上の天皇に対するものとは考えられていなかった。まして、高等学校の教科書における古代の天皇への敬語が、歴史叙述として適切なものとは思えなかった。しかしながら、それが教科書として絶対に不適切とする検定意見の根拠がなかった。ただ、それにこだわる調査官もいて、なかなか結論は出なかった。

4　『新編日本史』の表紙

　それ以上に問題となったのは、やはり近代における日本の行動に関する記述だった。中国や朝鮮に対する種々の記述は、従来の他の教科書とはかなり異なるものだった。この教科書を出した人々は、それまでの教科書の記述に対して非常に不満を持っていることも感じられた。確かに、家永裁判に見られるように、教科書検定に対する批判はもっぱら、いわゆる左側からのものであり、多くの教科書がそういった立場から記述されていたことも事実だった。それに対する不満は、従来からいわゆる右側の人々にかなりあったことも、教科書調査官になって次第にわかってきていた。

しかし、私が調査官に採用されるきっかけになったともいえる、昭和五十六、七（一九八一、二）年の、いわゆる「侵略・進出」問題の結果、検定基準にいわゆる近隣諸国条項㊻も設けられており、どう対処するかは非常に困難な問題だった。ただ、よく読み込んでいくと、近隣諸国条項以前に、その時点の歴史学界の研究水準からみて、一方的な記述が多く、事実関係からしても不適切、不正確なものが多かった。この検討には、政治担当で外交史が専門の佐古丞調査官にも手伝ってもらった。

検討の結果、我々調査官内部でもこのまま合格させてよいのか、合格させるとすればどこまで修正を求めるかが問題となった。内部の協議では、社会科調査官全員の会議でも最終的な意見書ができない状態で、時間的制約もあって主査に任せるといった異例の形で何とか調査意見書が作成される結果となった。不合格はやはり難しいだろうということになって、それを初等中等教育局長に説明に行った。その際、局長は事態の難しさは認めたものの、我々の説明の最中に、秘書にテレビの大相撲中継をつけるように指示したことに、唖然とした記憶がある。

事務的な手続きの後、検定調査審議会に上程した。審議会では、まず日本史と世界史の委員が合同した歴史小委員会で審議された。審議はだいぶ紛糾した。さらに社会科全体の第二部会でも、歴史以外の委員から危惧の声が上がり、最後に部会長の増井《ますい》経夫《つねお》金沢大学名誉教授[47]が、「それでは合否の決を採りましょうか」とおっしゃった。その時、歴史の最年長の調査官が、「我々は不明ではありません、お任せください」といった趣旨の発言をして、条件付き合格[48]に至ったように記憶している。ただこの辺りの記憶はその後の疾風怒濤のような経過があるので前後関係が不明確である。

そういった経緯の後、出版社側に条件指示を行った。その辺りの記憶はまったくない。ただこの間に白表紙本がどういう経緯かはまったく不明だが、外部に流失し、朝日新聞にその内容が報じられた[49]。考えてみれば、その当時は現場の教員などに、専門調査員として調査をお願いしており、白表紙本の内容が漏れる可能性は十分にあった。そして朝日新聞の報道により世間、というより中国や韓国の関心を集めることとなった。

〝復古調〟の日本史教科書

日本を守る国民会議　高校用作成めざす

原稿本で教育勅語礼賛

建国神話・三種の神器も

800カ所に修正・改善意見

5　『新編日本史』白表紙本の内容を報じる新聞記事
(1986年5月24日付朝日新聞)

こうしている中、自由民主党のある議員と名乗る人物が、直接調査官室に電話をかけてきて、激励されたことがあった。当時の調査官室の電話は、文部省の交換台を通してかかってきたが、交換台では自動的にこちらにつないだので、その後もいろいろな電話が直接かかってきていた。その多くは、教科書検定に対するクレームであり、自ら名乗りもしなかった。かといって無下にするわけにもいかず、ひどい時は一時間以上対応することを余儀なくされたこともあった。年に何回か同じ人物による電話もあった。それ以外にも、非常に初歩的なことを尋ねてくる人もあり、ご自分で図書館などでお調べになったらいかがですかと答えることもままあった。

話を戻そう。しばらくしてこちらが示した条件に対応して、修正する案が提出され、主に主査が中心となり、それを、ようやくある程度の結果に持っていった。けれども、それはかなり不十分なものだった。しかし、検定決定をする期限があり、出版社側に一応のゴーサインを出したものの、きわめて異例なことだったが、最後の最後の決定を留保することとなった。その裏には中韓からの修正要求があり、それに対応する必要に迫られたためであったと記憶している㊿。

そこで追加の修正を求めることとなった。つまり最初に提示した修正条件にプラスするという、いわば超法規的な事態だった。それらはほとんど中韓の修正要求通りのものだった。ただ最終的な合格認定がなされていない以上、出版社側も、何としても出版にこぎつけたいということからか、致し方なく文部省側の要求に従ったのだと思う。のちに聞いたところでは、元調査官の村尾《むらお》次《じ》郎《ろう》氏が執筆者の一人だったこともあって、同じく元調査官の時野谷滋氏と人的なつながりがあり、裏では、その人脈を使って連絡調整に当たったようである。

そして、省内で二回ほど追加の意見が示され、さらに国家公務員共済組合の青山会館で深夜追加条件を先方に示した[51]。続いて赤坂のホテルニューオータニのタワーのたしか十一階のツインの部屋で、真夜中に条件を提示した。この間の審議会の審議がどうだったか、記憶は定かではないが、十分に連絡を取りながら進めていたように思う。そして、審議会内部の状況も外部に色々と漏れていたようであり、一部の委員のご自宅には右翼の街宣車が押しかけ、その審議委員ご夫妻は一時ホテル住まいを余儀なくされたということであった。もちろん文部省にも連日街宣車が多数集まり、玄関前で拡声器を使い大声を上げていた。教科書検定課には護身用の木刀を用意していたとのちに聞いた。

ニューオータニでは、ツインの部屋の応接セットのある部分で、執筆者四、五人に対して我々は嵐義人調査官と私の二人で対峙した。とにかくこちらの要求のみを伝えた。だいぶ反論もあったが、聞くわけにはいかなかった。最初に、あちらの中心の一人であった東大教授が、審議委員の強硬派で、先述の街宣車に囲まれた方について、「何とか審議会に出られないようにすることはできないでしょうかね」と、冗談半分だろうが言われたのに対して、お仲間の一人が、少々焦り気味に、「それは無理でしょう」と言ったのが鮮明に記憶にある。その日の会合が終わったのはたしか午前四時過ぎだったと思う。せっかくの豪華なツインの部屋だったので、泊まるのかと思ったら嵐調査官は帰るという。後で聞いたら一泊五万円だったそうだが、泊まらずにタクシーで帰宅した。

さらにもう一度、渋谷の東急インで会った記憶がある。私はどういうわけか知らされなかったが、そのあともう一度都ホテルで嵐調査官一人で会ったようである。

この間の前後関係の記憶はまったく不正確だが、我々二人以外の、社会科の調査官が審議委員のお宅を一人ひとり訪問して説明し、承認を得たとのちに聞いた。それによって、一応の手続きを行い、印刷された教科書に、別冊の訂正版を付けるという前代未聞のやり方で最終的な合格にこぎつけた。今思い返しても異例中の異例、記憶が錯綜しており、自分の記憶がどこまで正確か、かなり疑わしい。

それにしても日本史の調査官四人は、嵐調査官が四十代前半、あとの三人が三十代半ばであり、経験年数も少なく、手薄な体制であったことは否めない。すでに記したように、調査官の人事は、長期的な視野を持って行われてきたわけではなく、その後も適切さを欠くものであったように思う。

この教科書については、私はある程度認めてもよいと考えていた。その代わり、反対側の立場の教科書についてもより緩やかな検定をする、つまり左右両翼に許容範囲を広げたらよいのではないかと考えた。しかし、この教科書に対する非常に強い反発から、そういった意見がかえりみられることはまったくなかった。

手薄な調査官体制を補うためか、この後、中曽根康弘《なかそねやすひろ》首相52のお声がかりという話だったと思うが、元外交官の方がお二人、国際政治学の大家がお一人、社会科の審議委員として任命された。多分同じころだったと思うが、時野谷元調査官も審議委員に任命された。

これに対しては、世界史の森調査官をはじめとして、我々も、いくらなんでも昨日までのプレーヤーが、今日からアンパイヤになるのは不適切だろうと反対したが、省内の上からの意向ということで任命に至った。

新たに任命された三人の審議委員は、元外交官のお一人は温厚な方で、のちに日本史小委員会の委員長もお願いした。議事進行は適切でテキパキとしたものだった。ただ一点、ご自分が外務省時代に経験した事象について固執された。これについては活字になっているものにはそう書かれておらず、審議委員の体験談を根拠にするわけにいかないから、申し訳ないが、経験されたことを何とかお書きいただけないかと説得した。そのため一度高輪のお宅に伺ったが、専用エレベーターのある高級マンションだった。固執された事象は、その後外交文書を使った研究も進み、次第に是正されていった。

もうお一人の外交官出身の方は、世界史小委員会の所属となった。穏やかな方だったが、他の委員の意見を時に無視する場面があった。また、国際政治学の大家は、自信満々で、時に「自分がこういったと相手に言えばそれですみますよ」と言われ、対応に苦慮する場面もあった。

この新編日本史問題では、左右の広い範囲からの批判、抗議が殺到した。特に歴史学の方面からは多くの批判が寄せられた[53]。この教科書の不合格を主張する声も、学界の大家を含めて非常に多くあった。その中で感銘を受けたのは、長年教科書検定の違法性を主張してこられた家永教授であった。ほぼ唯一、家永教授のみが、どんな立場であろうと国が介入することに反対するという趣旨の発言をされたことが報じられた。

この後、社会科調査官内で反省会が持たれた。審議会で我々に任せてほしいと発言した調査官に対して、かなり厳しい言葉が他の調査官から発せられ、一時非常に険悪な状態になったことは記憶している。

藤尾正行文相問題

そのあと少し問題となったのは藤尾《ふじお》正行《まさゆき》文部大臣[54]の罷免問題である。中曽根康弘内閣の文部大臣だった藤尾氏の、たしか雑誌『文藝春秋』に発表した論文が、その発売直前に問題となり、避暑のために滞在されていた軽井沢から特急に乗った大臣が、東京に着くまでに説明資料を作って大臣に渡すようにということになった。その日は土曜日だった。自宅でくつろいでいた私のところに電話がかかってきた。すぐに出省するようにとのことであり、取るものも取らずに出かけた。そして説明資料を作った。しかし、藤尾氏はそんなものには目もくれず、結局首を差し出すということで罷免された。本当にばたばたした一日二日だった。

詳解日本史の検定

その翌年（昭和六十三〈一九八八〉年）だったように思う。三省堂から『詳解日本史』という、きわめて詳しい日本史教科書が申請された[55]。もちろん申請当初は白表紙であり、どこの出版社かわからなかった。きわめて詳しいため、左翼的ではあるものの、必ずしもイデオロギッシュではなかったが、とにかく細かかった。かなりの専門書でなくては出てこないような事象まで取り込んで記述されていた。その分活字も非常に小さいものが多用されており、読みづらかった。この教科書は私が主査となり、前近代部分を関幸彦調査官が担当した。

当時の検定意見は、必ず修正する必要のある修正意見と、理由書を提出すれば修正の必要のない改善意見とがあったが、この教科書の白表紙本に対する検定意見は両方合わせて八百か所を超えた。そのため条件指示は丸二日間午前午後にわたって行われた。執筆された方たちも高等学校の先生が多く、全力投球で書かれたためか消化不良の部分や誤りがたくさんあった。専門書にも記述がないような事項もあり、教科書としての完成度は不十分なものだった。そういうものだったから、我々も必死になって調査し、多数の意見を付すことになった。

二日間の条件指示が終わって、最後に編集者が「他に何かご意見はおありですか」と我々に尋ねてきたら、執筆の中心にいた大学教授が不機嫌そうに、「そんなことは後にしろ」と言い放ったのが印象的だった。

6 『詳解日本史 B』の表紙

翌年、検定結果の発表後、左側の集会でその教授は不当な検定意見が多かったという旨の発言をしたと報じられたが、こちらにしてみれば多少対立点はあったものの、それ以上に非常に多くの誤りなどがあって、「精魂込めて調査し、修正を求めたのに」という思いがした。

この教科書は検定によって間違いが正され、次の検定ではそれなりの出来で、内容は非常に高度であった。ただ大変多くの事象に触れていたため、活字が非常に小さく、検定調査審議会でも審議委員から眼鏡をかけてもよく見えない、高校生の目の健康にとって問題はないのかという意見まであったが、それに関しては検定基準にその是正を求める条項がない以上、修正を求めることはできないということになった。

実際にこの教科書は、一貫して採択率一位を誇る山川出版社の『詳説日本史』に対抗して出されたものであったようで、何校かの進学校で使用されたようであるが、高度過ぎてシェアを伸ばすことはできなかったようである。

検定書類の作成

ここで検定関係の書類がどのような手続きを経て作成されるか記してみよう。まず最初の作業はひたすら申請された白表紙本を読むことから始まる。私の場合、二度三度読み、誤りと思われる箇所、疑問点などについて付箋を付ける。さらに回覧本と称する、他の調査官が閲覧した白表紙本にある程度付箋が貼られると、高等学校日本史の場合は、日本史の調査官四人が集まり、表紙見返しの口絵から一ページごとに問題点を討議していき、中学校の歴史教科書の場合は世界史の調査官三人を含めた七人で検討する。そしてそれらを書き出して、その事実関係、妥当性などを文献などを用いてさらに調査、検討し、おおよその適否を判断する。その中から修正を必要とする部分に対する意見を、当初は手書きで、のちにパソコンと検定意見入力システムが導入されると書式に従って入力する。こうして調査意見書の最初の原案が作成される。それを社会科調査官の科内会議で報告・説明し、その後、当初は課長勉強会と称していた事務方との打ち合わせを行った上で、調査意見書の原案が完成する。

この原案に調査意見箇所数などを記した計算書を付け、一番上に「鏡《かがみ》」と呼ばれる原議書を乗せ、細い紐で綴じる。これで起案文書（原議書）本体が完成する。「鏡」には起案者である係員の上の欄に係長、課長補佐、教科書企画官、教科書課長、さらに上欄に初等中等教育局担当官房審議官、そして初等中等教育局長の印を押す欄がある。では、この事務

7　付箋が付いた白表紙本

官のラインに属さない我々教科書調査官の印はどこに押すのかというと、縦に並んだ押印欄の横の空欄に担当の主査と副査が一応形式的に押すことになっている。正式の決裁上必ずしも必要とされるものではない。

こうして完成した原議書はきつく紐で綴じられており、原則として中の書類を差し替えることはできない。もちろん紐を切れば可能であるが、それは誰がどういう権限でやるのか、やれば大問題となるだろう。

こうして教科用図書検定調査審議会に上程する文書（原案）が完成する。

教科用図書検定調査審議会

社会科の審議会は毎年おおよそ九月から十一月ごろに開催される。地理、歴史、公民（政治経済・倫理）の教科ごとに小委員会が開かれる。小委員会は時代ごとのおおよそ七、八名の大学の研究者と、高等学校もしくは中学校の校長などの教員一、二名によって構成される。審議委員の任期は一期二年、最大十年まで延長できる。定年は七十歳。定員との関係で、このうちの小委員長など数名が正委員で、他の委員は臨時委員という位置づけである。審議委員の皆さんは多忙であり、全員が集まることは難しい。事務方が各審議委員の予定を調査し、極力大勢の方が出席できる日を設定している。

小委員会は小委員長の開会宣言で開会する。それを受けておおよそ主任調査官がその年度の申請図書の概要を簡単に説明し、それに続いて申請図書の受理番号順に、担当主査が文部省の原案である調査意見書に記されたすべての調査意見を一つずつ説明していく。それが終了すると各審議委員から様々な意見が出され、できる限りその場で説明するが、場合によっては持ち帰って後日対応する場合もある。その場合、まれではあるが、意見の追加もありうる。こうして、その日上程された申請本の審議が終了する。

この審議はおおよそ午後に設定されるが、年によって申請図書の多い年は午前から午後にわたることもあり、その際は現在でも昼食として弁当が出されているようである。私が参加したごく初期には、コーヒーとケーキが出されたが、そのうち飲み物だけになり、それも早い段階でなくなった。

小委員会が終わると、地理・公民（政治経済・倫理）分野を含む社会科全体の審議会（第二部会）が開かれる。小委員会とは違ってすべての意見を説明するわけではなく、重要な点を中心に説明し、審議していただくことになる。ここで他分野の審議委員からの指摘があって、それを意見として採用することもある。検定調査審議会の審議が終了すると、文部省（現在は文部科学省）の原案である調査意見は、審議会が付す検定意見として正式に決定する。事務方が日程調整をして、後日、著者・発行者（出版社）に対して検定意見の伝達が行われることになる。少ないケースではあるが、まったく検定意見が付されず、この時点で検定合格する場合もある。

検定意見に沿った修正

検定意見の伝達後、著者・発行者が検定意見を受け入れたくない場合は、「検定意見に対する意見申立書」を提出することができるが、歴史教科書でこれが提出されることは十数年に一度程度しかない。通常、出版社側では意見に対応した修正を行い、修正表（いわゆる一次修正表）を提出する。それに対して調査官側では検定意見に対応した修正がなされているかを調査し、部内で検討して結果を出版社側に伝えることになる。それによってさらに修正を求める場合も多い。そうしたことを経て、検定意見に十分対応した修正がなされたと判断されたのち、最終的な修正表（いわゆる二次修正表）が提出される。そして、その修正表を審議する小委員会・部会が開かれ、最初の意見通知の段階では留保されていた合否が決定される。さらに全教科の正委員から構成される総会が開かれ、全教科の検定結果が文部科学大臣に答申されることになる。

小学校学習指導要領の改訂

そのあと問題になったのは、平成元（一九八九）年に告示された新たな小学校の学習指導要領だった。六年生の歴史の記述に、人物学習として四十二人の人名が例示として示された[56]。あくまでも例示ということだったが、その中に東郷平八郎《とうごうへいはちろう》が含まれていることが問題視された。この時の学習指導要領の作成に関しては、教科書調査官はほとんど関与していないと思う。少なくとも私はまったく知らなかった。

この決定に対して我々社会科調査官は事務当局に対して反対の声を上げたが、無視された。その際に朝日新聞から取材の申し込みがあり、森義信調査官をはじめとして、五、六人の調査官が取材を受けた。場所は覚えていないが、うな重か何かをご馳走になった記憶がある。帰りはタクシーで送られた。その朝日の記者は敏腕記者だったようだが、後年暴力団関係のスキャンダルめいた話で失脚したとのことであった。

その後の実際の検定では各社とも東郷平八郎を含めた記述で申請してきて、検定現場では、多少言い回しでそれぞれ意を含めたものの、大きな問題にはならなかった。

教科調査官への異動の話

この後の時期だったと思う。当時の御《み》手洗《たらい》康《やすし》教科書課長（のちの事務次官）[57]から事務の方に移らないかという話があった。つまり教科書調査官を辞めて、純粋の事務官にならないか、ということだった。何が見込まれたのかはわからないが、それでは何のために大学院まで行って研究者を目指したのかがわからなくなる、大学のポストをあきらめたわけではないので、お断りした。またその後、学習指導要領の作成に携わるなどの業務の教科調査官にならないかという話もあった。「何年か経験すれば、地方の国立大学の教育学科への転出も可能になるから」と言われたが、私はそもそも教員免許状を取得しておらず、教育現場の経験も皆無であるから、無理な話であり、こちらもお断りした。

その数年後の御手洗課長の次の矢野重典《やのしげのり》課長[58]の時期だが、ある新設大学の申請の中で、私に声がかかった。そこの責任者にもお会いしたのだが、その直後、矢野課長に、「申請書類にあなたの名前がありますね」と言われたことがある。その話はどういう事情があったかわからないが、いつの間にか消えてしまった。

検定制度の改編

その間しばらく大問題はなかった。もちろん毎年検定は行われており、決して楽な年はなかった。それでも平成二（一九九〇）年には検定制度の改編があり、透明性の低かった修正意見と改善意見の一本化が行われた[59]。改善意見は、その強制性において不明確であり、修正に限りなく近い改善などという言い方をする調査官もいたと聞いていた。それが検定意見に一本化されることになった。

検定意見は明確な行政処分であり、強制性があった。だから付す以上は明確な根拠が必要とされたし、より抑制的な検定が期待されることになった。であるから当然検定意見の数は激減した。複写機の低コスト化もあり、検定意見書の原案となる調査意見書の作成が主査の個人的な作業から他の調査官、さらには事務方と共有されることとなり、より多くの目にさらされる機会が増えることとなった。また部分改訂という制度もなくなり、新規の申請制度に一本化された。

こうして検定意見も簡略化されたものの、中にはそれまでの改善意見的なものに固執し、参考情報、もしくは参考意見と称して検定意見以外のものを自分の判断で伝える調査官もおり、それを歓迎する出版社もある一方で、ルール違反ではないかと強く反発する出版社もあった。それに対する苦情が教科書課の事務サイドに寄せられ、事務サイドからそのような行動は厳に慎むようにと言われることもあった。

この改編の際、御手洗教科書課長は、コンピュータ化も含めて、同じような記述は自動的に同じような検定意見を付すことができるのではないか、裁判の判例のようなやり方が可能になるのではないかと期待したが、教科書叙述は微妙な違いが多々あり、この構想は不可能であった。とはいえ、検定のシステム化に伴って事務方の介入も増えてきた。それは次第に情報公開も進む中で、検定の統一性を保つ必要があり、横並び、さらには過去の事例との縦並びが必要となったこともある。それは検定結果の発表が、かつては文部省側からなされず、出版社側からの、出版労連による『教科書レポート』[60]が情報の主だったが、それが次第に変化していくことにもなった。

検定情報の公開へ

情報公開がいつから行われるようになったかは正確に記憶していないが、毎年三月に「記者レク」と称して、文部省記者クラブ加盟の報道各社の質問に答えるシステムができた。ある時期までこの記者レクは毎年教科書課にとって非常に大きな年度の締めくくりであった。というのは、社会科の中でも、特に歴史・政治に関する検定意見は、ある立場からすれば受け入れがたいと考えるものがあり、それを支持する立場の新聞社もあったため、検定意見の根拠について激しい質問がなされた。

その記者レクは教科書課長以下の事務方が記者たちの質問に答える形で行われ、我々調査官は調査官室に待機して、容易に回答することが困難な質問の場合、若い課員が伝令で我々のところにきて回答を求め、戻って行く形式で進められた。だから記者側が納得しないと質問は延々と続き、深夜、もしくは翌日まで持ち越すこともあった。というわけで、記者レクは我々にとって非常に苦痛な儀式であった。そしてそれが二週間ほどして一斉に今年の検定結果が明らかになったという形で報道解禁され、その日の夕方のテレビニュース、そして翌日の新聞朝刊で報道された。この報道は我々にとって毎年戦戦恐恐であり、まったく不謹慎なことではあるが、他に大きなニュースが起こらないかなどと思ったものである。

ただそれも、最近は事前の準備がいきわたったのか、また新聞記者のレベルが落ちたのか、以前のような鋭い突込みは次第に少なくなった。ついには虎ノ門の庁舎の建て替えのために、一時移った丸の内の仮庁舎時代だったと思うが、教科書課長から、マスコミ側の幹事社から課長が使ったメモを欲しいと言われたという話を聞いた覚えがあり、それは取材と言えるのだろうかとはなはだ疑問に思ったことがある。また、毎年同じ質問が出されることが多くなったこともあって、次第に記者レクの際の事務方の教科書調査官に対する扱いも、心持ちぞんざいとなり、待機すべきかどうかの連絡もなく、放っておかれる状態が増えた。

そもそも、ある時期まで審議会前の手続きとしては、形式上の上司である初等中等教育局長に代わって局担当の官房審議官に対する審議官説明が行われていたが、上司ではない検定課長（その後の教科書課長）に対する説明は行っていなかった。ところが、ある時期から、教科書課長も検定意見の内容を把握する必要があるとして、課長勉強会と称して、課長もしくは教科書企画官[61]に対する説明が行われるようになり、いつの間にか総括整理、さらに課長説明と称されるようになった。こうして、検定意見は次第に教科書課の統御の下に置かれるようになった。それは対外的な関係から、ある程度やむを得ない措置ではあったが、調査官の意向は制約される場合が増えていった。そして、それに合わない、というか独断専行しがちな調査官は体よく大学などへ転出することになった。

いわゆる従軍慰安婦の記述

昭和六十三（一九八八）年に三省堂から提出された高校日本史の白表紙本に、初めていわゆる従軍慰安婦の記述があった。それは二十万人が従軍慰安婦にされた、といった記述だったように思うが、いわゆる従軍慰安婦の存在は、その経緯はともかく、存在そのものは否定すべくもなく、人数は確定できないとして、人数だけを削除する方向で審議会での

8　河野官房長官の談話を報じる新聞記事（1993年8月5日付朝日新聞）

審議をお願いし、記述を認めていただいた覚えがある。その当時はそれほど大きな話題にならなかった記憶があるが、その後、元慰安婦の方が表に出るようになり、教科書の記述も注目されるようになった。それとともに、韓国でも教科書に記述されるようになったようである。日本の教科書では他社もこれに追随し、多くの高校の教科書に記述されるようになった。

問題は平成七（一九九五）年度検定の中学校歴史教科書における慰安婦記述であった。この対応には苦慮したが、審議会で認められた。その後、中学校の現場ではいろいろな困難が生じたとの報道もあったように記憶している。ただその後、小学校教科書の白表紙本に記され、検定申請された時は、いくら何でもということで削除を求めた。当時私が非常勤講師をしていた大学で、削除されたという新聞報道に対して、私の授業に出ていた韓国からの留学生が、なぜ削除させたのかと聞いてきたが、小学校の教科書だといったら、すぐ納得してくれたことを覚えている。

審議会の運営をめぐって

事務手続き的な問題として、日本史小委員会の委員長の選出問題があった。一九八〇年代中ごろのある時、事務方は適任者がいないと考えたのか、かつて教科書調査官だった貫《ぬき》達人《たつと》氏[62]を検定調査審議会の委員に任命し、根回しをして就任したてで小委員長にしてしまった。また、その後、平成五（一九九三）年、大石慎三郎《おおいししんざぶろう》委員[63]に小委員長にお願いしたときは、調査官内に大石氏はかつて左翼的であり、小委員長はどうかという意見があって、須《す》之《の》部量三《べりょうぞう》委員[64]を小委員長にと画策したが、小委員長は審議委員の中でも正委員に限定されるという内規があり[65]、須之部委員は形式的には臨時委員だったため、結局大石委員にお願いするという、ドタバタ劇があった。大石委員がその後、右寄りだとして問題となる中学の教科書に関係してくるのは、皮肉な話である。

教科書調査官採用問題

寺田登調査官が教科調査官に異動した後任に、それ以前から調査官への就任を希望していた長井純市《ながいじゅんいち》調査官[66]が着任したのは平成五（一九九三）年の六月だった。先に記したようにどういう事情かわからないが、いつまでも採用が決定せず、六月にずれ込み、長井氏には迷惑をかけた。その長井調査官が平成十（一九九八）年に、関幸彦調査官と同時に大学へ転出した。長井調査官の後任は、高知大学教授で私の大学のゼミの先輩であった福地惇《ふくちあつし》氏[67]が主任調査官として着任した。関調査官の後任は、こちらの要請にもかかわらずなかなか採用のゴーサインが出なかった。

福地主任調査官の就任には、私もだいぶ絡んでいる。日本史調査官の最年長、最先任は嵐義人調査官だが、独自の考えを持ち、検定意見の付し方も独特だった。私を含めた他の若い調査官と打ち合わせをする際、なかなか意見の一致を見なかった。それは意見が対立する場合もあったが、それ以上に彼の言っている意味がなかなか我々には理解できなかったからである。嵐調査官は本当に博覧強記で、まったく我々の遠く及ぶところではなかった。ただその論理構成が我々凡人には理解できないことが多々あった。

教科書検定が行政処分である以上、相手に伝わらない、誤解を生じることはまず避けなければならなかった。同僚が理解できない意見構成はやはり問題があった。これには事務方も非常に危機感を覚えたようで、外部に対する説明責任を負っている以上、彼らが理解できない検定意見は避けることを求めた。もう少し後のことだが、嵐調査官の意見書について事務方では理解ができず、私に代案を求めてきた。私としてはそんな前例はなく躊躇したが、時日が迫っており、致し方なく代案を作成した。事務方はそれを審議官、局長の許可を得て、嵐調査官に出版社側に伝達するように求めた。嵐調査官は局長の指示である以上、それに従って伝達した(68)。

この以前から事務方と嵐調査官との関係はそういったものであり、さらに私は詳細を知らないが、嵐調査官は私的なトラブルも抱えていたようである。出勤も不規則な場合が多く、出版社からの苦情も事務方には寄せられていたようであった。そうした事情もあって、事務方は嵐調査官の上に、主任調査官を配置したいと考えたようである。そこで私に「誰か適当な人はいないか」という話がきた。私は、長井調査官採用の際に、候補者の一人として考えていた高知大学の福地惇教授の名を挙げた。その際、誰にも相談はしていない。もちろん伊藤教授にもである。

福地氏は高齢のご両親が千葉県市川市にいらっしゃることもあり、関東地方への異動を希望していたようである。そういったところへ、私は、「調査官就任はどうであろうか」という話をしたのである。私の推薦を受けて、事務方でも福地氏について調査したようで、その言動が少し右寄りの点を少々危惧したようだが、高知大学では学内行政にも携わっており、組織の中では適切に行動してくれるだろうということで、福地氏を採用することになった。こうした経緯があって、嵐調査官と同年齢ながら、福地氏が主任調査官として着任した。

　福地主任調査官は、ゼミの先輩であり、私が推薦した以上、着任当初はいろいろとお世話をやいた。その様子は、他の科目の調査官からは、当時の流行語で「パシリ」のようだと揶揄《やゆ》された。しかし、私としては嵐調査官との関係もあり、福地主任調査官には早く業務に慣れてほしいという思いもあった。さらに、福地氏が着実に業務をこなすようになれば、私も心置きなく他に転出できるかもしれないというかすかな望みもあった。

　ところが、そうした望みはすぐに打ち砕かれた。その年の夏に発行された会員制雑誌の座談会で福地氏が発言した内容が、秋になって問題となり表面化した。この年の十一月に中国の江沢民総書記の来日に際して大きく取り上げられ、福地主任調査官は教科書検定業務を外されて、初等中等教育局付となった[69]。その年の検定は小学校であり、副査を割り当てられていた日本史以外の調査官から、若干当惑というか不満の声もあった。ただ小学校ということもあり、何とか乗り切れたように思う。

その翌年、平成十一（一九九九）年は、学習指導要領改訂の関係で、検定申請がなかったように記憶している。

教科書研究指定校制度

調査官には調査のための旅費が数万円あったが、それとは別に教科書研究指定校制度というものがあった。実際に教科書を使っている現場の先生方に、いろいろご意見を伺うという制度であり、何年かに一度文部省の指定を受けてくれた学校に我々が行くことがあった。私が最初に行ったのは、日帰りで福島県立福島高校だった。

平成元（一九八九）年に行ったのは、沖縄県恩納村《おんなそん》の山田小学校だったように記憶している。二泊三日で行った。それ以前から教科書における沖縄戦の記述は問題となっており、那覇空港に沖縄県教育委員会の方が出迎えに来られるというので、出迎えの際に「文部省」とは出さないでほしいとお願いしていたはずだったが、到着ゲートを出たら、しっかりと「文部省」と書かれており、同行の国語担当の教科書調査官と少々慌てた覚えがある。

その日は、午後から摩文仁《まぶに》の丘、ひめゆりの塔、当時の沖縄県立資料館などの南部戦跡を案内していただいた。月並みな言い方だが、筆舌に尽くしがたい思いがした。その一方でその夜は、当時のことで、いわゆる官官接待を夜遅くまで受けた。

翌日は山田小学校の授業を見学した。学校へ行く途中で、読谷《よみたん》飛行場、象の檻《おり》と呼ばれる米軍の通信施設の横を通り、小学校に着く直前に沖縄村という施設を見物したが、その際、頭の上をアメリカ軍の戦闘機が二機、かなり低空で飛んで行った。ものすごい爆音であった。

山田小学校の子どもたちは、外からきた人間が珍しいのか、人懐っこそうな目を向けてくれた。その夜も近所のホテルで一席設けていただき、さらに嘉手納《かでな》近くの民謡酒場まで連れていかれた。

その翌日は、まったくの観光だった。泊まったホテルは沖縄市、コザの中心部だったように思う。いわゆるコザ暴動がどの辺で起きたか、皆目見当がつかなかった。そして、車で嘉手納基地の横の基地の見える丘に寄り、本部《もとぶ》の海洋博記念公園を見て、那覇に戻った。その途中で米軍のトラックに幅寄せされる一幕もあり、さらに米軍将兵の暮らす住宅地も見たが、まるでアメリカ映画で見た、広く青い芝生のある庭に、わずかながら沖縄の置かれた位置を垣間見た思いがした。

その次に行ったのは、平成四（一九九二）年の長野県大町市の大町西小学校だった。この時も泊ったホテルで一席設けられた。翌日は朝の職員会議で一言挨拶をさせられた。最後に経験したのは、同十年の富山県八尾町《やつお》（現、富山市八尾町）の中学校だった。ここではもはや接待もなく、昼食の給食も代金をきちんと払って食べさせていただいた。何十年ぶりで食べる給食であったが、昔に比べて格段においしくなっていた。

こうした研究指定校制度では、教科書の内容の検討をお願いしていたが、多くの場合、教科指導の専門家である教科調査官と混同されることが多く、現場経験のまったくない私は困惑することが多かった。ただこの制度も、経費削減により廃止となり、現在はない。それもあって、私はその後は自宅の近くの区立小学校の授業公開日に、地域住民として毎年授業参観した。自分の検定した教科書がどのように使われているかは、先生によりいろいろであり、非常に興味深かった。ただ残念なことに、現在私が住んでいる横浜市では、地域住民に対する授業公開の制度はないようである。

それ以外に、筑波大学附属の小学校、お茶の水女子大学附属の小学校の公開授業にも数回お邪魔したが、区立の小学校とはまたかなり違った授業内容であったのが印象に残っている。やはり多少なりとも現場の空気を知ることは必要ではないか。予算が苦しいのはわかるが、せめて日帰りできる範囲にでも、もう少し柔軟に学校現場を見られるような制度があった方がよいような気がする。

外国出張

それ以外に、一回だけ外国出張に行った。一度、関幸彦調査官の在職当時、東南アジアへの視察を打診されたことがあったが、それは私的な都合で断り、私の代わりに関調査官が行くことになった。そして、平成十五（二〇〇三）年にアメリカの学校視察旅行の話がきた。これは関西地方の小中高の先生方の視察旅行に同行するというものだった。先生方は、すでに夏ごろから視察のための研修合宿を行い、準備をされていたが、そこに急に団長という名目で加わることになったのである。

その年の十一月に二十日弱の日程だった。関西の先生だったので、関西国際空港集合だった。細かい話だが、公務出張だったので旅費はすべて公費だったが、関空までは往復とも私費で行けということだった。

関空で先生方と初めて対面した。あちらも急に天下りで団長がきて当惑されていた。先生方は合宿を経て、かなり親しくされていたが、私は一人で、最初は身の置きどころに困った。もちろんその後仲間に入れていただけたが、アメリカでも私だけがシングル・ルームだった。

アメリカは初めてだった。サンフランシスコを経てダラスに行った。ダラスでは二、三日滞在し、ケネディ大統領暗殺の地などを訪れ、ほんの少しだけアメリカの格差社会、差別の一端が垣間見られた。それにしても、大都市ダラスからして、だだっ広かった。

ダラスから視察の目的地オクラホマ州ロートンまではバスで移動した。大平原をひたすら走った。途中見た牛の数など、想像を絶するものであり、長大な貨物列車にも遭遇した。たしか三時間ほどかかって目的地ロートンに到着した。

ロートンでは、教育長を中心にかなりの歓迎を受けた。教育長は、かつて阪神タイガースで活躍したランディー・バース氏のクラスメートだった。到着翌日から市内の小学校・

中学校・高等学校を見てまわり、授業参観をし、あちらの先生方との意見交換もした。子どもたちはどこでもかわいかったものの、学校自体のセキュリティーの厳重さに驚かされた。また、家庭で食事を十分にとれない子どもに対する給食なども、日本の状況に近いものがあった。その中で特徴的だったのは、個々の児童・生徒のプライドを高める指導方法だった。いろいろな場面で他の児童・生徒の前で評価した。それと以前からよく聞いてはいたが、国家や星条旗に対する忠誠心の吐露であった。また、まったく別の驚きは、ある小学校でかなりの大きさの蛇を飼っていたことだった。蛇には生餌を与えていると聞いた時には、同行の先生方もちょっと引き気味だった。さらに余談ではあるが、日本ではかなりよく知られているフォーク・ダンスのオクラホマ・ミキサーを、あちらの先生方はほとんどご存じなかった。

一方で、オクラホマ州は南部の州であり、ロートンに隣接するフォート・シル陸軍基地からは、イラク戦争に部隊を出しており、地元新聞のインタビューなどでも受け答えに慎重にならざるを得なかった。フォート・シルを見学した時には、もちろん模擬爆弾だが、原子爆弾と書かれたミサイルが展示されており、日本人として非常に複雑な心境となった。

とてつもなく広大なこの基地内には、先住民のシンボルともいえるジェロニモの墓もあった。

それにしても、どこもかしこも広大だった。移動はすべてロートン市のスクールバスだった。地震もないせいか、建物は多くが平屋もしくは二階建て、それも華奢《きゃしゃ》な骨組みだった。二〇〇一年のニューヨークのテロはどうだったのかと思った。その後、観光目的で、オクラホマシティへも行ったが、そこでは一九九五年のオクラホマシティ連邦政府ビル爆破事件の犠牲者の慰霊碑などをまわった。そして、ショッピング・モールに寄ると、多数のライフル銃が平然と並べられ普通に売られていた。アメリカ社会の闇の部分が、目の前にあるのが印象的だった。

小・中学校の同時検定

話を元に戻そう。平成十二（二〇〇〇）年は学習指導要領改訂後に、町村信孝《まちむらのぶたか》文部大臣[70]の鶴の一声で、小・中同時検定ということになり、小学校の検定作業は前倒しで始まった。そのために、福地氏の後任ということですでに決定していた村瀬《むらせ》信一《しんいち》氏[71]に、私立大学在任のまま、非常勤で検定作業に携わってもらった。

村瀬氏の選考に関しても、ほとんど私が行った。その際少し相談したのは、ゼミの後輩である季武嘉也《すえたけよしや》氏[72]であり、伊藤教授にはまったく相談していない。季武氏に「誰かいないかな」と聞いたところ、「村瀬氏が大学から移りたがっているようだ」という情報を得た。実は長井氏を採用する際に、地方の大学に在職中だった村瀬氏にも打診したのだが、ご家族の都合で今は移れないということであった。ところが今回は、すでに東京近郊の大学に移ってきており、問題はないということであった。そこで、村瀬氏を推薦し、事務方は問題ないと判断して、採用に至った。

村瀬調査官着任後の最初の検定は、先に記したように小学校の検定であった。特に大きな問題はなかったように記憶しているが、社会科全体の第二部会で、村瀬調査官の説明に対して、何か聞き違いをされたのか、外務省出身の審議委員が、突然「もう一遍言ってみろ」と大声で怒鳴った。長い調査官生活で、後にも先にも審議会でそのような乱暴な物言いを聞いたのはこの一回だけであった。さらに、この委員は、日露戦争に関する記述で、ロシアの革命運動に触れたものに対して、ロシア革命とは時期が異なるという発言をされ、西洋史がご専門の、長沼秀世《ながぬまひでよ》部会長[73]にたしなめられるという一幕もあった。元特命全権大使でも、その程度の歴史知識しか持っていないかと、我々も少々驚いた記憶がある。

関幸彦調査官の後任の中世史担当者の採用は遅れた。四月採用を要望したにもかかわらず、高橋秀樹《たかはしひでき》調査官[74]が着任したのは九月だった。高橋氏にも、長井氏同様に年度途中の異動ということで、非常に迷惑をかけた。文部科学省に採用してやるのだから、個人の事情など知ったことかという態度のように思えた。その後も教科書検定が問題となるたびに、調査官の採用に関してもいろいろな声が寄せられるものの、調査官の扱いについて一貫して重要視されたことはなかった。

この年に問題となったのは、旧石器捏造《ねつぞう》事件[75]である。ある在野の研究者が、旧石器時代の石器を数多く発掘し、それが一部で疑義があったものの、文化庁や学界でも認められたため、教科書もそれに沿って記述していた。そうした状況に対して、それを積極的に否定する根拠はなく、申請通りに承認していた。

しかし、その後それが捏造だとわかり、各出版社も大混乱となり、ただちに訂正申請がなされた。一部にそうした十分に確定した学説ではないものを教科書に認めたことに対し

9　旧石器捏造事件の報道（2000年11月5日付毎日新聞）

て、不適切ではなかったかという声もあったが、大手出版社の通史の書籍や日本史辞典にも掲載され、広く学界などで喧伝されている以上、認めないわけにはいかなかった。一般に新しい学説などを、どの時点で教科書に反映させるかという問題は、執筆者の意向を極力尊重するしかないだろうと考えていたが、こうした事件があると多少慎重にならざるを得ない。基本的には、検定は世につれ、であって一般的な説に従うべきものであろうし、なるべく私としては幅広い許容範囲を考えていた。だから教科書によって記述に差があることは当然のことである。国定教科書でない以上、いろいろな説があっていい。また教科書記述に必要以上の権威を持たせることにも疑問を持っていた。ただそうした考え方はマスコミを含めてなかなか広く理解されていないように思う。

新しい歴史教科書問題

二十一世紀になってからの問題は何といっても「新しい歴史教科書をつくる会」の教科書（扶桑社刊）であった。以前の高等学校の教科書（『新編日本史』）を作った人々が、神社本庁系、皇室崇拝といったイメージの、旧来の精神右翼とも言われるような人々だったのに

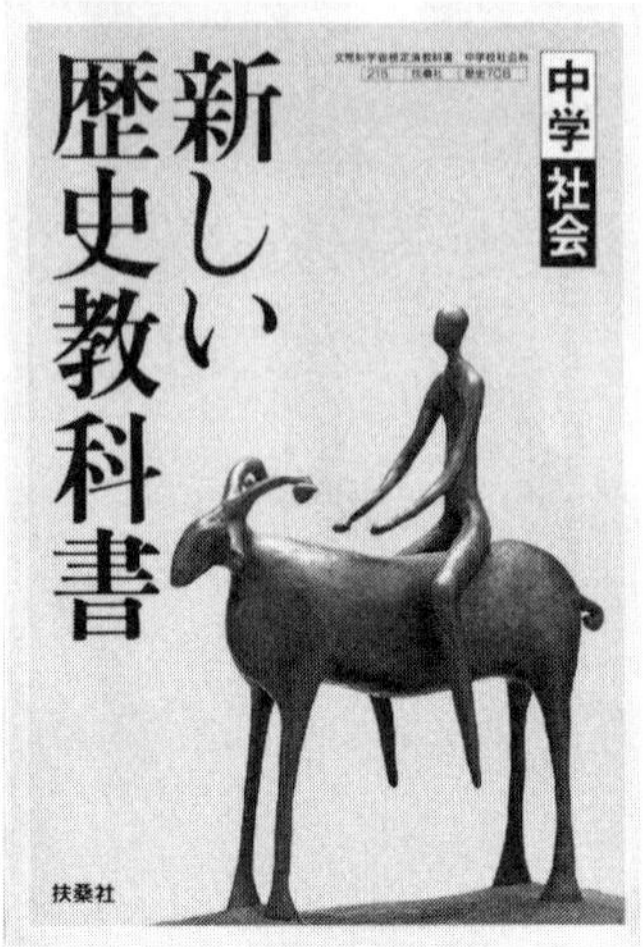

10　『新しい歴史教科書』（扶桑社本）の表紙

対して、それまでの教科書記述に不満を持つ、学者・知識人と言われる人々が、西尾《にしお》幹二《かんじ》氏[76]・藤岡《ふじおか》信勝《のぶかつ》氏[77]らを中心に、「新しい歴史教科書をつくる会」を設立し、すでに活発な活動をしていた。その人々が、平成十二（二〇〇〇）年四月に中学校の歴史と公民の教科書を検定申請してきた。それは、同会の編集により発行されていた書籍[78]により、ある程度予想はできたが、その内容はやはり驚くべきもので、独自の視点からの記述が多かった。必ずしも誤りとは言えないものもあったが、あまりにも通説からかけ離れたものが多く、その根拠が一般的に、もしくは十分に検証されているとは言いがたかった。特に問題となったのは近現代の記述であった。

従来の教科書は、日本を必要以上に貶《おとし》める自虐史観によって記述されていると主張する会の方針によるものだろうが、日本の行動を美化する記述が目立った。私に言わせると、

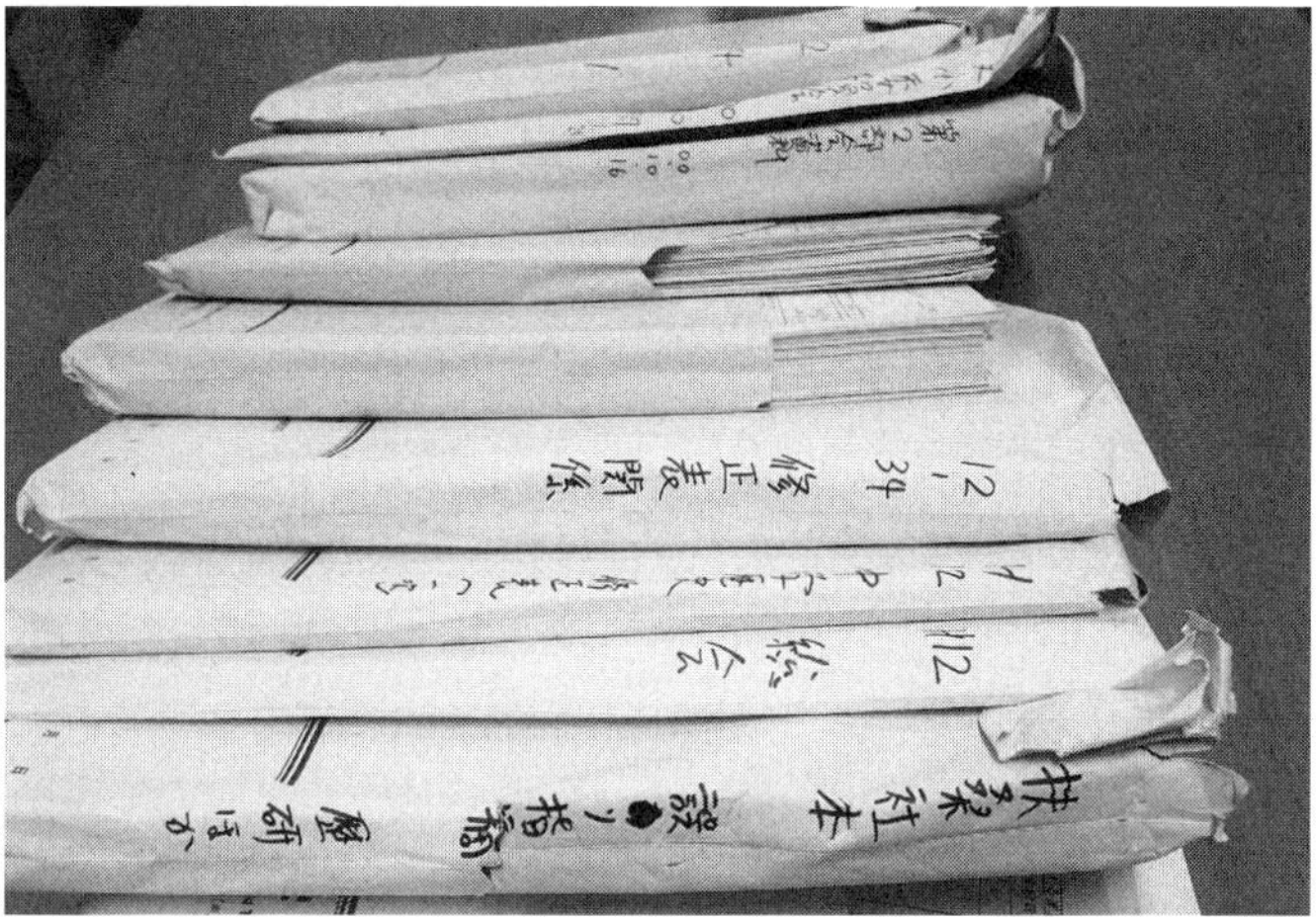

11　扶桑社本関連資料の一部

逆の意味での自虐史観とも思える記述が目に付いた。日本の行動が、他からの力によって他律的になされたというように解釈できる記述が多かったように思う。つまり日本の自律的な判断ではなく、他に責任を転嫁する姿勢が濃いように思われ、なんとなく情けない日本、という風にも読めたのである。

　実際に調査意見を付すことは難航を極めた。主査は私であり、副査は世界史担当の上野《うえの》稔弘《としひろ》調査官[79]であった。通常、調査意見（検定意見）は、どんな修正がなされるかを、ある程度想定しながら付してきた。ところが、この教科書の場合、一般的な学説とは極端な見解の相違があり、どういう意見の付け方をすれば、どのような修正文になるのかを想定することができなかった。それでも、申請された記述をそのまま日本の教科書として認めるわけにはいかなかった。特に南京事件に関する記述は、初等中等教育局長室で、御手洗康局長・玉井《たまい》日出夫《ひでお》審議官[80]以下の事務方と日本史・世界史教科書調査官とが長時間検討した。そしてこの案件は、文部大臣まで説明に行った。ただこの辺りの記憶は錯綜している。二度目の疾風怒濤であり、前後関係など、かなり混乱した記憶しかない。

当時は大島理森《おおしまただもり》大臣[81]だったが、御手洗局長が大臣室に説明に行くのに際して、おそらく念のための説明要員ということであろうが「同道せよ」ということになり、初めて大臣室に入った。大島大臣は温厚な方のように見受けられ、「慎重に進めるように」ということであったように記憶している。

その後、調査意見が固まり、検定調査審議会に上程する前だったと思うが、また御手洗氏について大臣室に行った。その前に森喜朗《もりよしろう》[82]内閣の改造があり、文部大臣は町村信孝氏に代わっていた。

町村大臣は白表紙本を手にしながら、「結構いい内容の本じゃないか」という意味のことを言い、御手洗氏がこの申請図書の問題点を指摘していた。その後、マスコミがこの申請図書を批判的に取り上げるようになった時に、もう一度大臣室にお供で行ったが、その際は前回とはガラッと変わって、「しっかりやってくれ」という話になった。いずれの場合も私は横にいるだけで、一言もしゃべることはなかったように記憶している。

この間、一つの事件が起こった。須之部委員の後任として審議会委員に任命された外務省出身の野《の》田《だ》英二《えいじ》郎《ろう》委員[83]の問題である。野田委員は審議会が開かれる時期より少し前に、一度教科書課に来られた。そして、課長以下我々と談笑した。教科書の内容については特に話さなかったように記憶している。ざっくばらんなお人柄のように見受けられた。

ところが、それからしばらくして驚くべき報道がなされた[84]。野田委員が何人かの委員に対して、この問題となる教科書の不合格を働きかけたというのである。我々には寝耳に水であった。事務方も対応に苦慮し、ただちにお辞めいただくわけにもいかず、たしか教科書の定価を審議する分科会の方に移っていただくという苦肉の策をとった覚えがある。その後、そちらの分科会は廃止された。

この問題はかなり大きな問題となり、国会でも取り上げられ、マスコミでもだいぶ報道された。だから、審議会では特に機密保持が徹底された。どの審議会だったか、大槻達也《おおつきたつや》教科書課長[85]が審議委員に対して、「皆さんも非常勤の国家公務員であり、審議事項を秘匿する義務を負っているから、その辺は十分にご理解いただきたい」と少々強圧的なことを述べたことが記憶にある。外部の会議室を借りて行われた審議会が終わると、どこかで

教科書検定工作問題

元外交官の不合格要請文書

「外務省見解」と似る

組織的関与の疑い強く

平成十四年度版の中学教科書検定をめぐり、元外交官の教科用図書検定調査審議会委員（歴史担当）が特定の歴史教科書を不合格にするよう多数派工作を行っていた問題で、この元外交官（元駐インド大使）が他の委員に送った手紙や文部省教科書課長に提出した文書の概要が二十九日、明らかになった。これらの文書は特定教科書について「不適切で不合格とすべきだ」と主張し、「ドイツのネオナチと同一視される」とした文書もある。また、外務省が元外交官委員の不合格工作を想定し、独自に見解をまとめていたことも新たに判明した。元外交官委員の文書は外務省見解と指摘個所が重なっており、外務省が組織的に関与していた疑いがますます強まった。

（社会面に関連記事）

元外交官が作成した手紙の内容は、受け取った委員によって若干異なるが、「新しい歴史教科書をつくる会」（西尾幹二会長）のメンバーが執筆者に含まれる歴史教科書を不合格にすべきだとする主張は共通している。

その理由について①韓国併合の「必要性」に触れた記述は韓国を刺激する②日中戦争に「引きずり込まれていった」との記述は侵略の事実に反する③東京裁判を不当なものだとする記述は、日本が判決を受諾した事実に反している―などという意見を列挙している。

一部には、「合祀すればドイツのネオナチと同一視され、外交的に極めて憂慮される」という記述もあった。「ネオナチ」は、ドイツの一部で台頭しつつある人種差別思想や排外思想を持つネオナチズム運動のことだ。

文書は文部省の教科書課長にも提出され、この事実を文部省は認めている。

また、「旧日本軍の残虐行為」の記述を減らさないよう求める中国政府の意向を受けた外務省が、非公開となっている特定教科書の白表紙本をもとに、元外交官委員による他の委員への働きかけや審議会での発言を想定した独自の見解をまとめ、歴史担当と公民担当の元外交官委員に伝えていた。

関係者の話によると、この外務省見解が指摘する個所は、元外交官委員の不合格工作文書が問題にした個所と多くの部分で重なっているという。

例えば、韓国併合と日中戦争の記述について「植民地支配と侵略を謝罪した村山富市首相談話にそぐわない」と強調しているほか、東京裁判の記述についても「判決を受け入れている」と元外交官と同じ見解だという。

今回の教科書不合格工作問題では、①中国政府が特定教科書に懸念を表明し、「旧日本軍の残虐行為」の記述を減らさないよう求める圧力を日本の政治家や政府高官にかけていた②九月十九日に歴史担当の元外交官委員と外務省の教科書問題担当課長、後藤田正晴元官房長官の三人が特定教科書への対応を協議した③外務省アジア局の教科書問題担当課長が別の元外交官委員（公民担当）に「問題のある教科書がある」と働きかけた―などの事実がすでに明らかになっている。

12　審議委員の不合格工作を報じる新聞記事
（2000年10月30日付産経新聞）

聞きつけた記者が外で待ち構えていることもあったが、審議会の様子が外部に漏れることはなかった。

こうしたこともあってか、審議会では調査官側が付した調査意見に大きな異議は出なかったように記憶しているし、強硬に不合格を主張する委員もいなかったような気がするが、この辺りの記憶はきわめてあいまいである。

検定意見の通知

審議会が終わって、検定意見が決定したのち、出版社側にそれを伝達する日が来た。十二月八日、くしくも開戦記念日であった。当時の教科書課には、CD連絡室[86]という意見伝達を行う部屋があり、そこで行われた。当日の出席者は出版社から文部省に通告することが慣例であり、事前にわかってはいたが、その部屋に入っていくと伊藤隆教授の姿があった。伊藤教授は、一方で山川出版社の高校日本史教科書の著者を長年務めていたが、それまで一度も意見通知の場に見えたことはなかった。それが初めて来られたのである。それ以外に来ていたのは、坂本多加雄《さかもとたかお》[87]・高森明勅《たかもりあきのり》[88]・藤岡信勝らの各氏であった。

伊藤教授は挨拶もそこそこに、当然のように灰皿を要求された。今でこそ文部科学省は喫煙室以外では禁煙のはずだが、当時は世間一般と同様にどこでもタバコが吸えた。ただ、検定意見を伝達する際、タバコを吸う方はほとんどいなかった。そこで村瀬信一調査官が、慌ててどこからか灰皿を調達してきた。この一件は我々調査官内部では「灰皿事件」として後々まで語り草となった。

検定意見の伝達がはじまると、主に対応されたのは坂本氏だった。それに伊藤教授や高森氏が時々発言し、藤岡氏はほとんど発言しなかったように記憶している。この場の空気は、そんなにとげとげしいものではなかった。もちろん私を筆頭に、こちら側は非常に緊張していた。伊藤教授は相変わらず悠然としているし、坂本氏も知らぬ仲ではないとはいえ、本当に緊張した。ただ、おかしなことに多くの検定意見に対して、坂本氏らは、「意見は確かにもっともだ、この記述はおかしいね」などと、まるで人ごとのように対応する場面が少なからずあった。とてもご自身が著者として書かれたものとは思えなかった。未確認ではあるが、のちに漏れ伝わった話によると、別の方が執筆されたものであったようだった。

ただし、いくつかの対立点では、坂本氏らも納得されることはなかったが、伝達の場は論争の場ではないので、その日はひとまず大きな波乱はなく終わったように記憶している。それでも、私は非常な疲労感を覚えた。後日、当日同席した世界史の室井《むろい》俊通《としみち》調査官[89]から、「指導教官を中心とする人たちを相手によくやったね」と言われた時、思わず涙がこぼれそうになった。

その後、伊藤教授にお目にかかったのは、平成十八（二〇〇六）年に亡くなった楠精一《くすのきせいいち》郎《ろう》東洋英和女学院大学教授[90]の葬儀と、平成二十五（二〇一三）年の中村隆英《なかむらたかふさ》先生[91]のお別れの会だけだったように記憶している。この間、何人かの方から「伊藤さんはどうなっている」という質問を受けたが、答えようがなかった。それからは財務省の前あたりですれ違った際に黙礼したのみである。何年か前に数人で会う話があったが、コロナ禍で立ち消えになり、そのまま昨年の訃報に接することになった。

意見伝達は終わったものの、問題はそれからであった。教科書検定では、検定意見が一つも付かなかった、いわゆる一発合格以外は、条件付き合格[92]であるため、伝達後、一定期間を経て検定意見に対する修正案が提出される。その修正案をこちらで検討して、不十分なら再度修正を求めることになる。この教科書では、多くの点で折り合いがつかなかった。特に、日中戦争の開始から南京事件に関する記述では、どこまで求めるかが大問題となった。我々は何度も矢野重典初等中等教育局長（平成十三年一月就任）室で検討を重ねた覚えがある。

またこの教科書は、日本の南方進出が戦後のアジア諸国独立の契機となり、多くの人が日本に感謝しているといった回想を掲載することもあったが、その裏に大きな犠牲を強いたことは記述が非常に限られており、バランスに欠けるものであったため、修正を求めた。そもそも日米開戦は開戦の詔書にもあるように、「自存自衛」が目的であったのだから。

何とか修正表完成まで持っていき、検定調査審議会でかなり慎重に議論いただいた後、最終的に合格の判定をいただいた。だが、検定結果が公表されると、またもや国際的な大問題となった。中国・韓国からの修正要求である。この辺りのことは、やはり記憶がかなりあいまいである[93]。ただ、何人かの外部の専門家の先生方にご意見を伺いに行ったことだけは覚えている。私が担当したのは、宮嶋博史《みやじまひろし》東京大学教授[94]、森山茂徳《もりやましげのり》東京都立大学教授[95]、そして原田環《はらだたまき》県立広島大学教授[96]だったように記憶している[97]。特に原田教授のと

歴史教科書

韓国、35カ所再修正要求

計8社対象 25カ所「つくる会」

事実誤認以外は修正できず 日本政府

13　韓国からの修正要求を報じる新聞記事（2001年5月8日付朝日新聞）

ころへは、広島まで高橋調査官と新幹線での日帰りという強行軍であった。

こうした手順を踏んで、中国と韓国からの修正要求に対して、何とかこちらの立場を貫くことができた[98]。もちろんあちらからすれば不満が残るものだったろうが、その後鎮静化した。この時は本当に歴史関係の審議委員の先生には大変なご負担をおかけした。また、その他の社会科の審議委員にもご迷惑をおかけした[99]。

この教科書に関しては、その後、各地で採択をめぐって問題が起きたが、採択率はきわめて低かった。かつての高等学校の教科書の際も同様だが、国際問題を巻き起こした大問題でも、実際に採択した学校は非常に限られており、日本中で使用されるかのようなマスコミの報道にも問題があるように思われる。また、こうした教科書に対して、左側からは強い反発、批判があり、我々検定当事者が強い姿勢で臨むべきだという意見もあったが、かつての家永裁判で求めていたことは何だったのかと感じさせるような、国が介入することに対するダブル・スタンダードともいえる態度には違和感を覚えた。これ以前に当時の民主党が検定制度廃止を見据えた公約を出したこともあったが、その後はまったく聞かれなくなった[100]。

この教科書は、教科書検定の基本的なサイクルである四年後の平成十六（二〇〇四）年にも申請された。内容はそう大きく変化していなかったように記憶しているが、特定の記述は前回修正されたものが、修正以前のものに戻して申請され、前回同様の検定意見が付されることになった。この教科書については、その後もそのようなやり方が何度も繰り返された。

ただ、検定調査審議会では、そのたびにかなり問題となった。それは審議委員の顔触れが変わり、新たに審議委員になられた委員から、強い反対意見が出されたからである。お気持ちはわからないではないが、前回認めた記述に検定意見を付して訂正を求めることは、なかなか難しかった。いわゆる行政の一貫性である。検定方針を変更したことに対して、十分な説明ができるかどうかが問題となる。同じ記述なのに、なぜ修正を求めるのか、なぜ前回修正を求めなかったのか、ということに対して十分に説明することは難しい。ところが、新任の審議委員からすれば、初めて見るわけであるから、なぜこのような記述を認めるのかという疑問がわく。その点は、誠に申し訳なかったが、行政の一貫性ということで認めていただくしかなかった。

この時だけではないが、審議委員からは様々なご意見が出る。多くの場合、許容範囲であろうと説明してご納得いただいた。もちろん、こちらの見落とし、判断の誤りなどもないわけではなく、そうした場合は検定意見を追加することとなった[101]。中には、こちらの説明にどうしてもご納得いただけない方もいた。前述の行政の一貫性のみならず、検定意見を付けることによって外交問題などになる可能性があって、検定意見とすることが難しいものもあった。

戦争犠牲者数について

この間に、他の問題も起こっている。南京事件や第二次世界大戦の犠牲者数についてである[102]。一部で報道され、国会でも問題となったようだが、そう大きな問題とはならなかった。ただ、やはり審議委員の先生方には、お手数をおかけした。

我々教科書調査官は直接関係しなかったが、自民党では、いわゆる教科書問題議員連盟が結成され[103]、文部科学省にいろいろな圧力をかけてきた。審議官や教科書課長はたびたび議員連盟に呼び出され、説明というか、つるし上げられていたようである。その様子は漏れ聞こえてきたが、我々がそうした場に呼ばれることはなかった。多少気持ちはわからないではないが、多くは感情的であり、実証的な批判はほとんどなかったように思う。とはいうものの政権与党であり、役人としては、無視するわけにいかず、時にはレクと称して、個人的に呼び出されて説明に行っていたようだ。そのための資料作りは我々の方にまわってきた。ただ学界の通説などからして、無理なものは無理であり、もしも訴訟となった場合、勝てる見込みは少なく、とても飲める話ではなかった。それに強硬論を吐く政治家は、たとえば後述の沖縄戦のように問題が表面化した時、我々の矢面に立ってくれるということはなく、態度を豹変する可能性もあって、簡単に乗れる話ではなかった。

新しい歴史教科書のその後

その後、先述の中学校の教科書は執筆者間の内紛があったようで分裂し、二つの出版社から発行されるようになった。そのうち元のものの色を濃く残した出版社側のものが、平成二十（二〇〇八）年にも検定申請されている。この年は、新たな学習指導要領が公示されたため、その準備のために他の多くの出版社は検定申請を見送ったが、この一社だけが出してきた。

　ところが、驚くほどずさんなものであった。検定意見箇所は五百を超えた。中学校歴史教科書としてはほとんど前代未聞のものであった。内容もさることながら、誤字脱字、文章が途中で切れている、行数表示がでたらめなど、とてもきちんと編集がなされたものとは思えなかった。だいたいこの教科書では、編集者がたびたび変わり、それもあまり経験があるとは思えない人物が編集者として我々の前にやってきた。もちろんそうした人たちも、我々と強硬な執筆者との間でご苦労されたことは想像に余りあるが。いずれにせよ、この年は、この一冊のために審議会が開催され、年末までに不合格という判定が下された。社会科の教科書で不合格となったのは、数十年例がなかった。私にとっても初めてのことであった。この当時の制度では、中学校の教科書は年度内に再申請が可能であり、この教科書も再申請されてなんとか合格している。

　しかし、この不合格についてはまったく話題にならなかった。マスコミもほとんど取り上げなかった。どうしてそのようなことになったのか、マスコミの関心もかなりばらつきがあるものだと驚いた記憶がある。前身の扶桑社本教科書をめぐる問題や後年の沖縄戦問題を考えると、まったくもって不思議である。正当な権利であるとしても、この一冊のために何度も審議会を開催し、審議委員にも多くのご苦労をおかけしたことにどういう意味があったのだろうか。

文部科学省の一時移転

平成十六（二〇〇四）年には、文部科学省の建て替えに伴い、かつて過激派による大規模なテロ事件のあった丸の内の旧三菱重工ビル[104]への移転があった。その際、多量の文書が廃棄されたようである。それに先立って、私は事務次官に昇任されていた御手洗康氏に、廃棄する文書をいったん見ることができるようにしてもらうことをお願いした。それは現場にとっては迷惑なことだったのかもしれないが、大量の文書が一室に集められた。ただ残念なことに、教科書課でもどうも古いものは出さなかったようで、他の部署のものでも、多かったのは中曽根内閣期の臨時教育審議会の、それも経費にかかわるものが多かったように思う。その中から数点少し古いものを見つけて、一応担当者の許可を得て持ち帰ったが、その際言われたのは、「個人的に永久保存してください」ということだった。ただそれ以外では、占領期の英文の書籍（おそらくアメリカの教育制度について記したもの）がかなりの冊数あり、東京大学百年史編纂でお世話になった、教育史がご専門の寺崎昌男東京大学名誉教授[105]にご相談したところ、国立教育政策研究所の橋本昭彦研究官[106]を紹介され、最終的に筑波大学の図書館に移管されたと聞いている[107]。

丸の内では、思いもかけない都心生活だった。そういう場所で勤務することは、大学院に残った段階でまったく想定していなかった。大企業に就職した大学時代のクラブの友人たちならともかく、自分が丸の内を毎日歩くことは考えたことがなかった。時に昼食も丸ビルなどに行ったが、虎ノ門よりは少々高めであり、歩く人たちも心なしか、あか抜けているように見えた。

平成二十（二〇〇八）年に虎ノ門に戻ってくるのだが、その際も大量の文書が廃棄されそうになったので、もう一度目を通させてもらうことをお願いしたが、後述の沖縄戦の問題もあって十分に見ることはできなかった。ただ、前回同様ざっと見た感じではやはりあまり目ぼしいものはなかったように思われた。

新庁舎を建設する際、省内にどういった施設をつくったらよいかというアンケートがまわってきた。そこで私は文教の府と言いながら文部科学省にはアーカイブが存在しない。また『学制百年史』（帝国地方行政学会、一九七二年）は編纂されたものの、その後、精度の高い文教政策史もしくは文部省史といったものは編纂されていない[108]。外務省には外交史料館があって外交史が編纂され続けており、財務省には財政史室があるのに対して、文部科学省にはそういったものはないので、それに類するものの設置を強く求める意見を提出した。しかし、一顧だにされることはなく、残念ながら「情報広場」と称する、文教行政の歴史などを展示するスペースが設けられたのみであった。

沖縄戦の検定問題

丸の内にいる間に大きな問題となったのは、平成十八（二〇〇六）年度の高等学校日本史教科書の検定だった。それは、いわゆる沖縄戦の集団自決をめぐって、日本軍によるものとした記述に付した検定意見に対するものだった。

平成十八年の秋、発端は安倍《あべ》晋三《しんぞう》内閣の発足だった[109]。安倍内閣の官房副長官に就任した下村博文《しもむらはくぶん》衆議院議員[110]が、歴史教科書を官邸でチェックする旨の発言をしており、そう

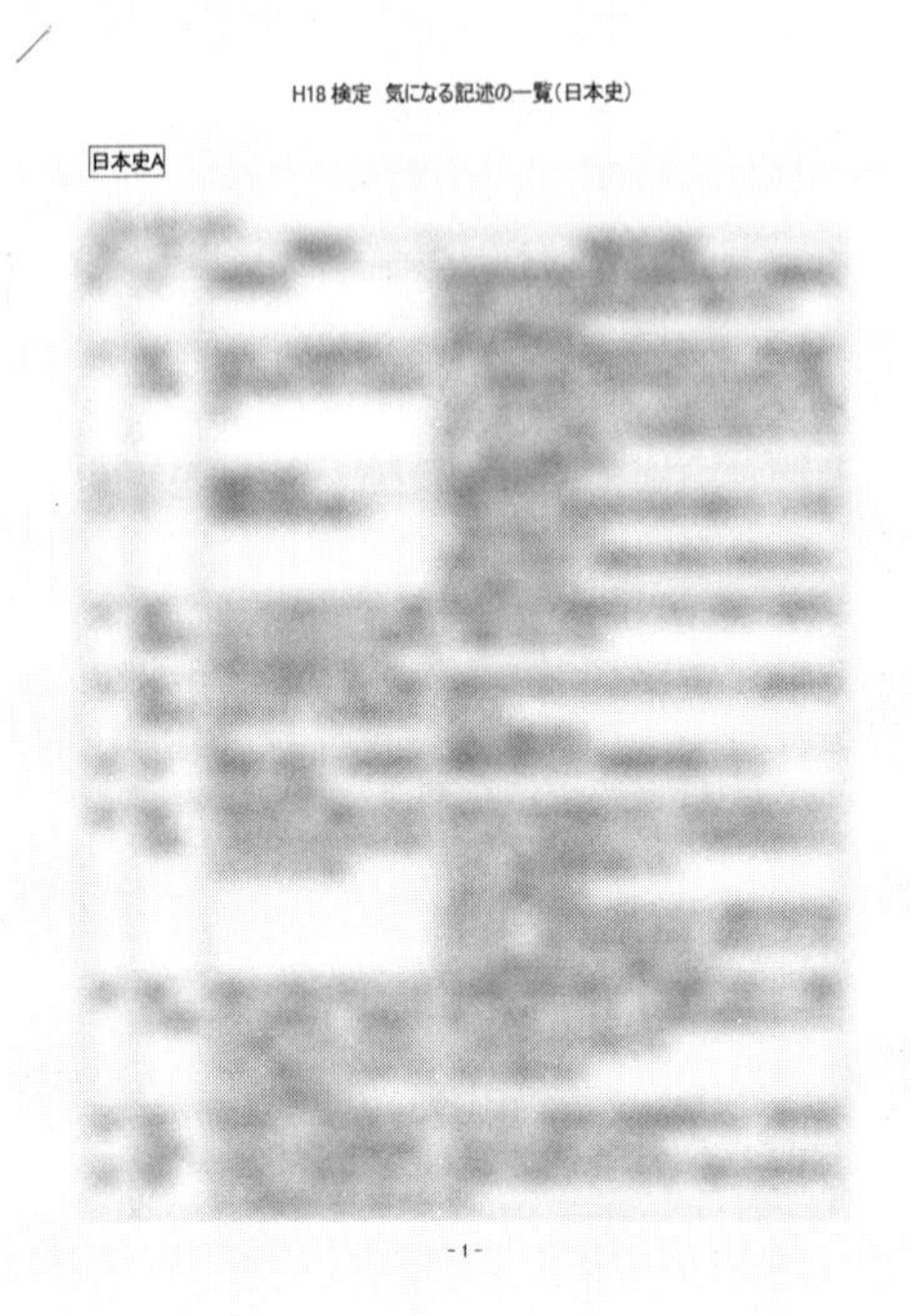
H18検定　気になる記述の一覧（日本史）

日本史A

- 1 -

14　事務方からまわってきた「気になる記述の一覧」

なった場合どう対応するかが我々の側でも問題となった。教科書課幹部は二言目には「官邸が」と言い始めていた。そうした官邸筋への忖度、もしくは直接の指示があったのかどうか我々にはまったくわからなかったが、九月の半ば過ぎだったと思う、事務からコピー用紙で三十枚近くの文書がまわってきた。作成者は書かれていなかった。そこには、毎回の検定で、右側から問題とされる箇所が申請図書ごとに並べられていた。つまり、日本の対外進出、戦争、植民地支配に関する記述である。それらはいずれもそれまで検定で許容してきたものであった。そのすべてが学問的に確定したものとは言えなかったが、多くの研究書・概説書に記述されているものであり、それらに変更を求めると、国際問題になることは明らかだった。

その中で、ほぼ唯一国内問題だったのが沖縄戦の集団自決だった。もちろんこれも従来から許容してきたものであり、それに変更を求めることは非常な困難を伴うことが予想された。しかし事務からの要求は厳しく、ゼロ回答では済みそうになかった。そこでやむを得ず、これだけに従来と異なる検定意見を付す方向で検討に入った。もちろん、調査官内部ではそれを危惧し、反対する意見もあったが、その時点で明らかになっている事実関係などに照らして、慎重に意見を付せば何とかクリアできるのではないかと私は考えた。そのために沖縄戦に関するかなりの研究書を見て、慎重に検討した。それはいわゆる集団自決について、明確な旧日本軍の命令が存在したとする証拠がないということであった。何らかの形で旧日本軍が関与したとは考えられるが、はっきりした命令が存在したかどうかは不明であり、命令が存在したかのような断定は避けていただきたいという趣旨であった。このような重大な決定をスタッフである調査官のみの判断でできることは決してない。

従来と方針変更する方向で事務と協議し、審議官説明、局長説明もこなし、検定調査審議会に上程した。もちろん教科書課長・教科書企画官を通じて事務次官にも説明されていた。

審議会でもそれなりに丁寧に説明し、特段ご意見もなかったように記憶している。そして、審議会の答申の決定を受けて、検定意見を出版社側に伝えた。その口頭説明では、いくつかの社から質問があったが、それに対して、集団自決について、日本軍の命令があったかどうか不明であるので、そういった観点で記述してほしいといった趣旨の説明をした覚えがある。その際、その後問題となる日本軍部隊長と遺族による裁判[11]についてはまったく触れていない。ましてや「冤罪裁判」などという言葉も知らなかった。それに対して、著者・出版社側からその場ではほとんど質問はなかったように記憶している。これは今でも録音テープが残っていると思われるが、ある社への意見伝達の場では、「それでは、日本軍を削ればいいいんだな」といった著者の声が聞かれた。

私としては、日本軍の関与がまったく感じられない記述になるのはどうかとも思ったし、それなりにうまく書いてきてくれるだろうと期待もした。検定意見については、不服の場合、異議を申し立てることができる制度があり、過去にも申し立てが何度かあった。しかし、今回はそのような申し立てはいっさいなかった。だが、その後提出された修正文は、あっさり削除した社ばかりで、集団自決事件の背後にあった状況の記述に至った社は皆無だった[112]。それは我々の判断ミスだった。やはり見通しが甘かったと言わざるを得なかっ

沖縄戦集団自決

「軍が強要」記述消える

教科書検定 修正意見で「実態誤解の恐れ」

文部科学省は30日、来春から使用される高校中学年向け教科書の検定結果を公表した。日本史では、沖縄戦の集団自決に関する記述について、今回の検定から、日本軍の強制があったとする表現すべてに検定意見が付けられた。一方、数学や英語などの主要科目では、大学入試を見据えた教科書から、学力低下に対応するため小学校の内容を盛り込む教科書まで、二極化が鮮明となった。

〈関連記事3・39面〉

今回の検定には、工業など専門高校の教科を除く普通教科7教科207点の申請があった。「生物Ⅱ」の2点が「誤りや不正確な記述が多い」として不合格となったほかは、最終的に205点が合格した。

日本史で沖縄戦に言及したのは、日本史Aと日本史Bの教科書計10点のうち8点。文科省はこのうち7点について、日本軍が住民の集団自決を強要あるいは命令したという内容の記述に、「沖縄戦の実態について誤解する恐れがある」との意見を付け、修正を求めた。

修正後の記述は「追いつめられて集団自決した」などとなり、集団自決に軍が直接関与したとする表現は教科書からすべて消えた。

文科省は最近の学説などを根拠に、「日本軍による集団自決の強要や命令があったかどうかは明らかでない」としている。これに対し、沖縄県民からは「集団自決を軍と切り離して考えることは出来ない」などの反発が出ている。

沖縄県教委は「『集団自決』を含む沖縄戦の実相については様々な指摘がある。今回の検定内容については把握していないので、コメントを差し控える」としている。

15　沖縄戦検定の新聞報道（2007年3月31日付読売新聞）

た。

そして、そういった記述が最終的に審議会で承認され、検定発表となる段取りだった。検定発表のための教科書課の記者に対する、いわゆる記者レクに我々が関与することはまったくなかった。事務からは大した問題もなく済んだという説明があった。だが、三月末に一斉に報道解禁されたときの新聞記事を見て、我々は正直とまどった。日本軍部隊長の裁判を検定意見の根拠にした旨の報道がなされていたからである。上記のように、我々はそういった説明はいっさいしていないはずだった。これは何かの誤りではないかと思った。しかし、記者レクでそういった趣旨の説明がなされたことが次第にわかってきた。我々は何とも納得がいかなかった。

この報道を受けて、沖縄県から批判の声が上がったように記憶している。そしてそれが大きな政治問題に発展し、国会でも取り上げられることになった。国会ではかなり厳しい追及が続いた。野党が教科書調査官の参考人招致を要求しようとしているという話まで聞こえてきていた。その後はこの問題への対応に追われた。当初は六月二十三日の、沖縄慰霊の日ごろには何とか収まるのではないかという、甘い見通しを持っていたが、そうはならなかった。

朝日新聞の取材

その間のいつだったか、日にちははっきり覚えていないが、ある日のこと、文部科学省から帰宅する際、駅を降りるとじっと私を見つめている一人の男性がいた。彼はすーと近寄ってきて、「照沼さんですね」と声をかけてきた。そして「朝日新聞の中井大助[113]です」と名乗った。歩きながらいろいろ質問された。沖縄戦関係の記述についてだった。もちろん内部の経緯を正確に話すことはできない。事務当局の説明以上の話をするわけにはいかなかった。大まかな話でお茶を濁したように思う。それにしても、この件で私の自宅まで来たのは彼だけだった。もう一人、たしか毎日新聞の女性記者が私の住んでいるマンションのエントランスから接触してきたが、何とかお断りした。もう一件は赤旗の記者が電話で取材してきた。一方的にしゃべって、こちらが否定も肯定もしないといったら、否定しないということですねと言って電話を切った。それ以外のマスコミは沖縄の新聞を含めてまったく接触してこなかった。

これ以外の件でも、積極的に取材に来たのは朝日新聞だけだった。ずっと以前、公務員宿舎に暮らしていたころ、呼び鈴が鳴り、行くと「朝日新聞です」と答えた。てっきり、新聞の集金だと思い、ドアを開けると「すみません、今日は集金ではなくてお話を伺いに来ました」という取材だった。何の取材かは忘れた。また、その後もう一件あった。それは、幕末維新のころの西暦と和年号との差異について、教科書でばらつきがあるのではないかというものだった。「たしか教科書で一応の説明はなされているはず」といったような説明をした覚えがあるが、記事にはならなかったようだった。

「新しい歴史教科書をつくる会」の中心にいる伊藤隆教授が、弟子を通じて日本軍の関与を削除させる検定意見を作成し、やはり伊藤教授の影響を受けた検定審議会がそれを通したというストーリーが独り歩きしており、野党やマスコミはそれに基づいて追及しつつあったが、中井記者はそれに疑念を持ち独自取材を試みようとしている、といった手紙を大学の先輩からもらった。それが、中井記者が来る前だったか、後だったかは覚えていない。いずれにせよ、伊藤教授からはもちろん何の連絡もなかった。ただ、検定調査審議会の日本史小委員長をお願いしていた駿河台大学の広瀬《ひろせ》順晧《よしひろ》教授[114]は伊藤教授と史料集など多くの共同の著作物があり、審議会委員をお願いしていた有馬学《ありまままなぶ》九州大学教授[115]は、伊藤教授の指導を受けた方だった。

そもそも、私と村瀬調査官は大学の学部時代から大学院に至るまで、伊藤教授の指導を受けており、やはり史料集の刊行では名前を連ねていた。そして、伊藤教授の退官記念論文集[116]にも寄稿していた。だから、伊藤教授から何らかの指示を受けているという類推は、陰謀史観としては成り立ちうるかもしれないが、そういう事実はまったくなかった。想像して作り上げたストーリーだった。さらに驚いたのは、伊藤教授の意を受けて我々二人が文部科学省に送り込まれたというような話だった。私が文部省（当時）に就職したのは二十年以上前だったし、村瀬調査官にしても五年以上たっていた。どういうわけか、このストーリーの中心人物として標的となったのは、村瀬調査官だった。申し訳ないことだが、村瀬調査官が攻撃の矢面に立たされ、私の名前はあまり出なかった。

こういったストーリーのもとで、マスコミの報道がなされ、ネットでも拡散し、国会でも何度も取り上げられた。私たちのように近代の歴史を研究する人間にとっては、新聞や国会議事録などは重要な歴史的資料であり、それらを利用することは多々ある。この事件についても、一方的に語られたり、書かれたりしたものが大量に歴史的資料として残され、それを後世の人間が研究のために史料として利用する可能性が高い。特に現在のように、SNSなどで幅広く拡散し、それに対する反証が少ない場合、事実とはまったく異なる歴史像がつくられる可能性がある。過去の歴史についても、そうした一面的な史料に基づいている可能性は否定できない。私も史料の使用方法について、改めて考えさせられた。

新たな裁判

平成二十（二〇〇八）年、また驚くべきことが起こった。松山地方裁判所に提訴された案件で、沖縄の集団自決の検定意見に関して、国と、関係した総理大臣・文部科学大臣以下の関係官が訴えられた裁判である[117]。原告は、ソウルに住む韓国人を含めた多数の人々であり、被告には文部科学省の担当官である初等中等教育局長から、末端の我々日本史担当の教科書調査官までが含まれていた。かつての家永裁判で訴えられたのは国であったが、今回は個人までが訴えられた。我々は職務として行ったわけであり、何ゆえに被告とされるのか理解できなかった。

当然、松山地裁で門前払いされると思ったが、訴えは受理された。我々自身が裁判を担当する能力もなく、裁判は弁護士にお願いすることとなった。ただその費用は安いものではなく、結局、関係者のカンパと教科書課・教科書調査官の親睦団体である四葉会の会費から出していただくこととなった。そして、すべて弁護士にお任せして、数年かかって最

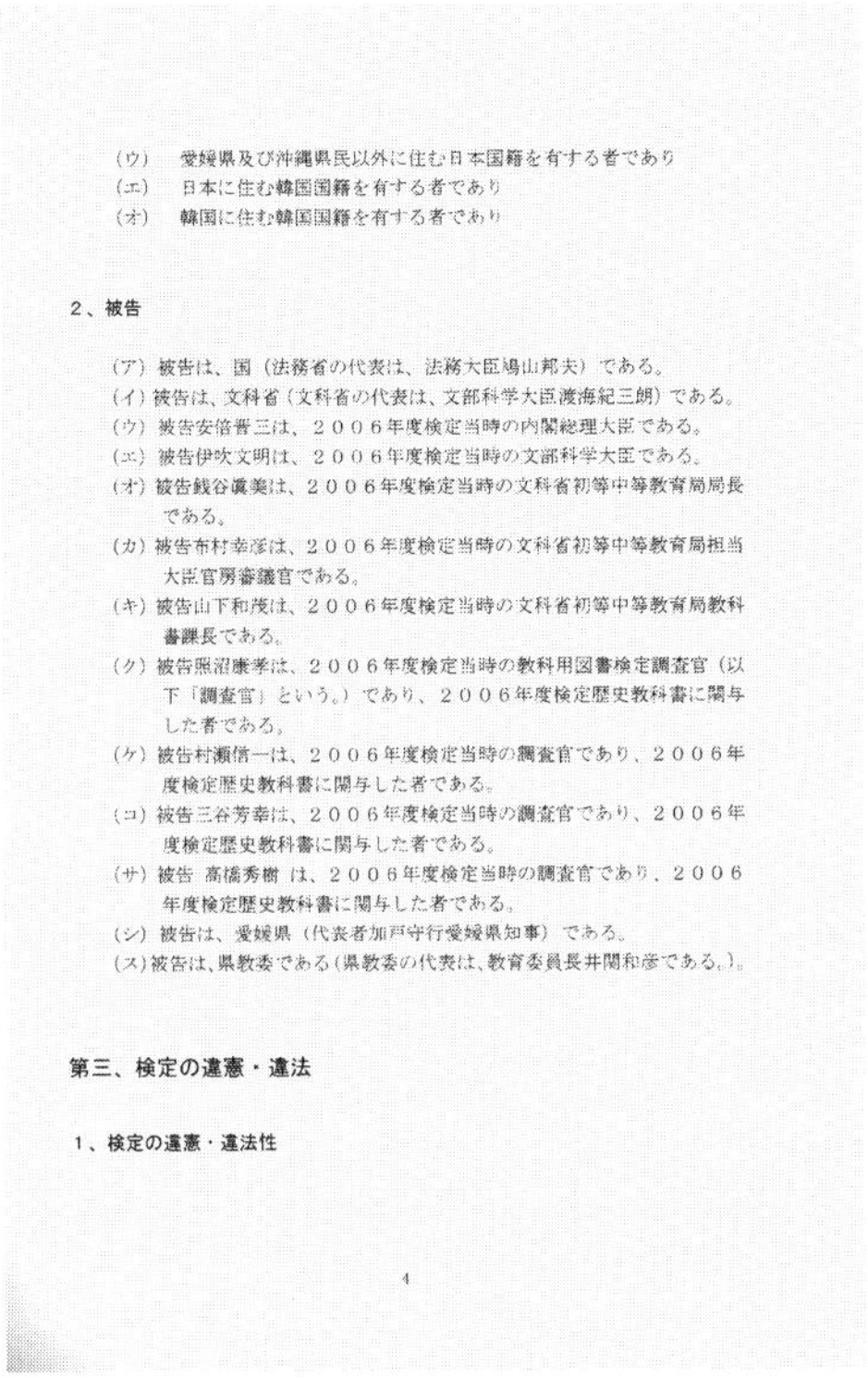
（ウ）　愛媛県及び沖縄県民以外に住む日本国籍を有する者であり
（エ）　日本に住む韓国国籍を有する者であり
（オ）　韓国に住む韓国国籍を有する者であり

２、被告

（ア）被告は、国（法務省の代表は、法務大臣鳩山邦夫）である。
（イ）被告は、文科省（文科省の代表は、文部科学大臣渡海紀三朗）である。
（ウ）被告安倍晋三は、２００６年度検定当時の内閣総理大臣である。
（エ）被告伊吹文明は、２００６年度検定当時の文部科学大臣である。
（オ）被告銭谷眞美は、２００６年度検定当時の文科省初等中等教育局局長である。
（カ）被告布村幸彦は、２００６年度検定当時の文科省初等中等教育局担当大臣官房審議官である。
（キ）被告山下和茂は、２００６年度検定当時の文科省初等中等教育局教科書課長である。
（ク）被告照沼康孝は、２００６年度検定当時の教科用図書検定調査官（以下「調査官」という。）であり、２００６年度検定歴史教科書に関与した者である。
（ケ）被告村瀬信一は、２００６年度検定当時の調査官であり、２００６年度検定歴史教科書に関与した者である。
（コ）被告三谷芳幸は、２００６年度検定当時の調査官であり、２００６年度検定歴史教科書に関与した者である。
（サ）被告 高橋秀樹 は、２００６年度検定当時の調査官であり、２００６年度検定歴史教科書に関与した者である。
（シ）被告は、愛媛県（代表者加戸守行愛媛県知事）である。
（ス）被告は、県教委である（県教委の代表は、教育委員長井関和彦である。）。

第三、検定の違憲・違法

１、検定の違憲・違法性

4

16　松山地裁訴状の被告記載部分

高裁で上告が受け付けられないことで終わったように思う[118]。

主任教科書調査官へ

この間に、私は主任教科書調査官[119]になった。別に主任調査官といっても、多少給与が増えるだけで、特に検定に関する業務内容は変わらない。変わるとすれば、月一回の主任会議に出席することである。主任会議とはいうものの、各教科の主任調査官が集められ、教科書課長以下の教科書課の管理職の人たちから様々な情報が伝達される場であった。その場で意見を言う人間も社会科を中心とした限られた人たちで、多くは事務方の意向を拝聴、受け入れる場であった。そして、それを各教科に持ち帰り、他の調査官に伝えるというのが、その役割だった。だから、主任会議で議論が白熱したりすることはほとんどなく、多くの場合、短時間で終了した。

誰が主任調査官になるかというと、事務方の意向次第であり、道徳が新教科として加わったこともあって、社会科に関していえば、次第にその数もしぼられていった。誰がなるのか、その基準は何なのかはまったくわからなかった。ただ、国家公務員の定年は六十歳であり、主任調査官は多くの場合、途中転出せずに六十歳まで在職することが多かった。そうすると、年金の関係もあったかと思われるが、どこかの私立大学の職を事務方で世話してくれ、六十五歳もしくは七十歳まで教職に就く場合が多かった。しかし、次第にそうしたケースも少なくなり、定年延長、さらには再雇用という形をとるようになった。

　私の場合は、平成二十五（二〇一三）年三月の定年が六十三歳の平成二十八年三月まで延ばされ、最後の二年間は再雇用となって教科書調査官に戻った。私の定年が見えてきたころに、かつて若いころに教科書課に在籍し、その後栄達された方々から、「次のポストを考えましょうか」と言われたが、それも文部科学省のいわゆる天下り問題[120]で立ち消えとなった。平成三十年三月の退職後は、教科用図書検定調査審議会の専門委員ということで、二年ほど検定に関係した。これは送られてきた白表紙本を自宅で読み、意見書を提出するもので、会議に出席する必要はなかった。だから、定年退官後は文部科学省にほとんど行ったことがない。

検定調査審議会の委員新任問題

平成二十五（二〇一三）年の初めごろだったと思う。突然降ってわいたのが、検定調査審議会委員の新任問題だった。事務から打診してきた人々の中には、日本史研究者とは思われない人も含まれており、我々は対応に苦慮した。どこで誰が行った人選かはまったくわからなかった。そこで、急遽我々の方で候補者を考え、結局、青山学院大学の小林《こばやし》和幸《かずゆき》教授[121]に、無理を承知でお願いすることになった。また同時期に、会議に出席せずに白表紙本だけ読んでいただいて書面でご意見を頂戴する専門委員を、日本大学の古川《ふるかわ》隆久《たかひさ》教授[122]にお願いしようとしたところ、事務からの同意を得られなかった。古川氏のような専門性の高い方を忌避する能力が、事務方にあるとは到底思われず、外部の特定の人間にお伺いを立てた可能性が高いと考えられる。

　こうした流れの中で、平成二十五年の秋に、検定基準の改定問題が起こる。これは、近現代史の数字などの事項で通説的な見解がない場合はそのことを明示する、統一的な政府見解や確定判例がある事項はそれに基づく記述をすることを検定基準に加えるという改定だった[123]。こうした文部科学省の意向に対して、日本史小委員会の委員長をお願いしていた國學院大學の上山和雄《うえやまかずお》教授[124]や、世界史担当の紀平英作《きひらえいさく》京都大学名誉教授[125]が反対意見を述べられた。その後、紀平教授は任期が切れたが、上山教授は任期途中であるにもかかわらず、審議官から退任を求められたという。上山教授はこれを拒否したが、翌年の任期いっぱいで再任されなかった。

通常、任期は再任五回の最大十年なのだが、結果として上山教授は八年で辞められた。これに関して我々はまったくタッチすることができなかった。上山教授に審議委員就任をお願いしたのは私であり、本当に申し訳ない限りであった。

平成二十六年度の検定

平成二十六（二〇一四）年にはまた難しい一冊の中学校歴史教科書の申請があった。一冊は従来から検定意見数の多い自由社であり、もう一社は新規参入の学び舎だった。

自由社は相変わらず、ミスが多く、また前に訂正を求めた記述を従前の申請時の記述に戻して申請してきた。そのために、やはり検定意見数は非常に多く、検定調査審議会でも厳しいご意見が相次いだように記憶している。このために、合格の基準に達せず、不合格

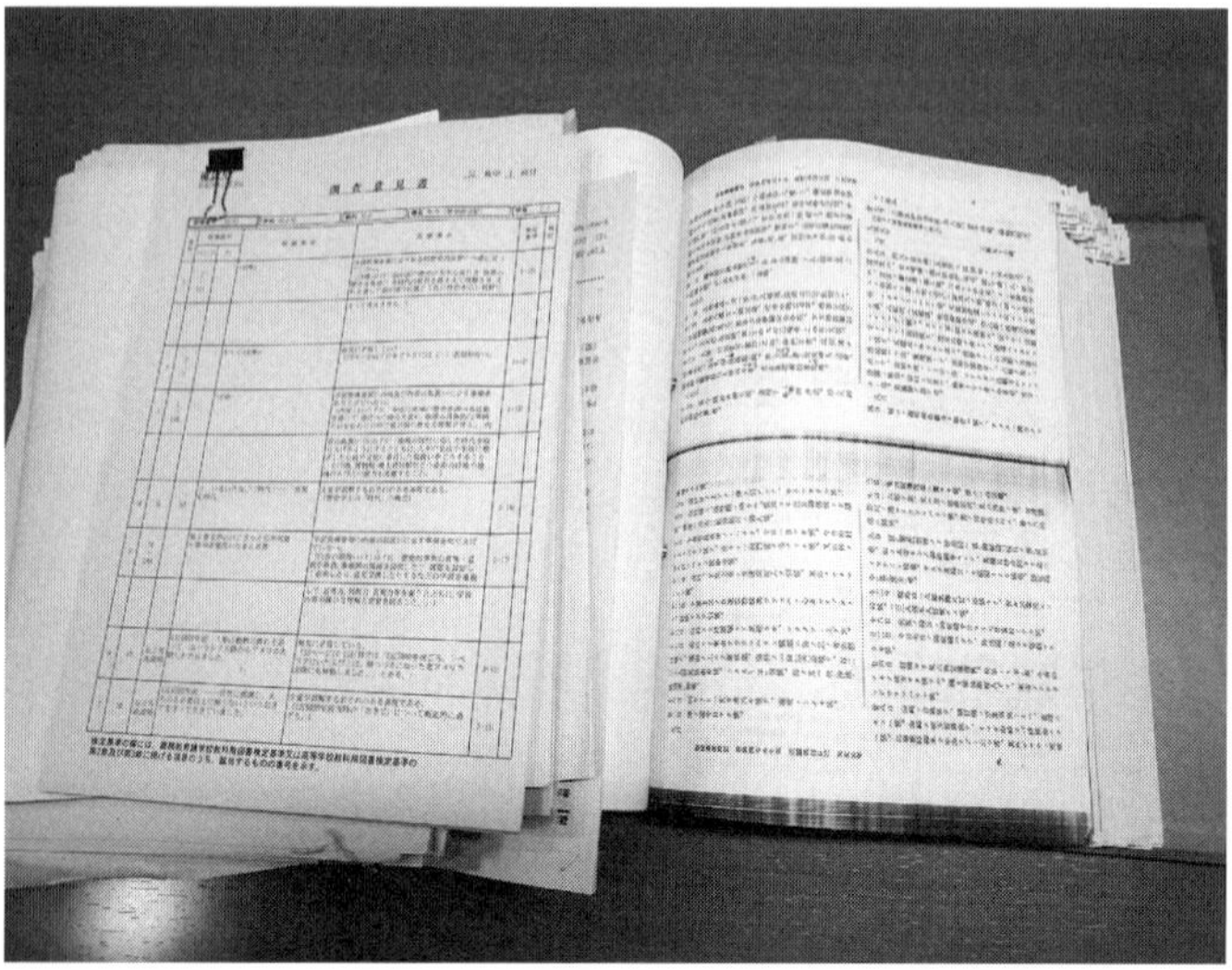

17　学び舎本の調査意見書案と意見根拠資料のファイル

の判定となった。

また、学び舎の教科書は、自由社とは正反対の性格の図書であり、また内容も非常に多岐にわたるものだったが、その分、史料的な裏付けがかなり不十分で、誤りが多かった。独断で書かれた部分が多く、また学習指導要領を満たしていない箇所もあったので、こちらも多くの検定意見が付され、不合格となった。

こうして、立場の正反対の二冊が不合格となった。これは決してバランスをとったわけではない。結果的にそうなったのである。二冊とも執筆者の中に歴史学の基本をマスターした方があまりいないように見受けられた。その後、二冊とも年度内再申請という制度を利用して、再申請された。そのため、残る年度内四か月での検定作業、審議会開催は非常にタイトなものとなり、審議会委員の方々には大変なご苦労を強いることとなった[126]。

学習指導要領作成への関与

長い在職中には、学習指導要領の作成にも、オブザーバーという形で多少参画した。学習指導要領は、基本的には視学官[127]もしくは教科調査官が中心となり、現場の先生方を協力者として案が練られていくのだが、我々は教科書を検定する立場から、記述が困難になったり曖昧になるような記述は避けていただくことを望んだ。もちろんそんなことはごくわずかだった。それよりも現場の先生方が持ち寄るたたき台ともいうべき素案の、バラエティーさに驚かされた。協力者の皆さんはいろいろ工夫を凝らした案を持ちより、議論を重ねていった。我々はそれを横で眺めているばかりだった。

ただ協力者の先生方も、名前が表に出なくなっていった[128]。そもそも、「作成協力者」

という名称も使われなくなった。また普段の日に文部科学省の会議に出ることも、現場の授業時間数確保の観点から難しくなり、土日に会議が開催されることが多くなった。なんとなく秘密の会のような感じになっていった。そうした中で記憶にあるのは、平成十一（一九九九）年に告示された高等学校日本史の学習指導要領作成会議である。この会議のメンバーの先生方の中には江戸東京博物館館長の竹内誠《たけうちまこと》先生[129]がいらっしゃるほか、博学な方ばかりであり、指導要領作成が終わった後も、東京近郊の巡検という形で長くお付き合いをしている。

もう一つ学習指導要領で忘れられないのは、いわゆる「ゆとり教育」との関係である。上記の平成十一年告示の学習指導要領は、各科目とも内容の削減がはかられた。ただ歴史に関して言えば、小中高の歴史の学習指導要領は、かなり大綱的なものであり、一般で誤解されているような、教科書は学習指導要領にがんじがらめにされ、書きたいことも書けないという状況ではない。それは実際に学習指導要領をお読みいただければわかることであり、読まずに批判する声が多いのは残念である。そして重要なのは、科目によっては何々は触れないこと、といったような縛りがある場合があるが、社会科系の学習指導要領ではそういったものはない[130]。特に歴史では、教科書のスペースに限りはあるものの、どういった事項をどれだけ書くかは執筆者にゆだねられている。よほどバランスを失していない限り、必要な事項が記載されていれば修正を求めることはない。

それは、平成二十九年に学界のあるグループから教科書の歴史用語の半減といった提言が出されたが、非常に反対が多く、結局いつの間にか消えてしまったことでも理解できる。どういう事項をどれだけ書くかは、それぞれの歴史の見方に基づくものであり、国定教科書でない限り、その線引きは基本的に不可能であろう。

平成十一年告示の学習指導要領で検定作業した際も、学習指導要領を作成した教科調査官などから、ゆとり教育に合った、記述の削減を求める検定はできないかという要望があったが、検定作業する際の検定基準に照らして、無理があるとして事実上お断りした覚えがある。そのため、歴史関係ではゆとり関係の検定意見は、実質的には付すことはなかった。ただ場合によっては、妥協策として、「発展」[131]という形にしてそのまま認めたことはあったように思う。

歴史総合の魅力と懸念

約二十年後の平成三十（二〇一八）年告示の学習指導要領の作成に際しては、当初よりオブザーバーとして関与する機会は非常に少なく、また不合格教科書が出来する検定業務もあって多忙を極め、我々の知らないうちに作成が進んでいた。だから「歴史総合」という科目が、どのように浮上してきたのかその経緯は承知していない。それが「歴史基礎」と仮称されていたころに、研究校の授業を何度か参観した程度である。もちろん、それ以前の日本史A、世界史Aを統合して、近現代史中心の科目が必要であることは言われていたが、歴史専門の委員の多くはいない中央教育審議会の部会で進行した感があった。そして、近代化、大衆化、グローバル化を柱とする学習指導要領が作成された。それは今回の学習指導要領全体の主体的な学び、対話的な学び、深い学びに対応する、従来の暗記科目と言われたころとは一線を画するもので、期待の持てるものとなった。

この新しい学習指導要領に基づいた教科書が検定申請されたのはその数年後であった。その時点で私は文部科学省を退職していたが、教科用図書検定調査審議会の専門委員を拝命していた。専門委員とは、在宅でいわゆる白表紙本を審査する役職である。宅配便で送られてきた白表紙本をひたすら読み、改善が必要と思われる箇所を指摘する仕事である。そこで歴史総合の初めての白表紙本も送られてきた。学習指導要領が公表されてから、各出版社は幅広い分野の執筆者に依頼して、時間をかけて作成していることは、私の知人たちにも執筆者として声がかけられており、少しずつ情報は入ってきていた。ただし、その内容についてまったく承知はしていなかった。

送られてきた白表紙本は多くが力作だったように記憶している。従来の教科書とは異なり、日本史と世界史が融合した意欲的なものが多かった。また、従来の教科書に見られた解説的な記述は少なくなり、作業学習のスペースが多くなって、生徒自身の考察を求める箇所が随所にあったように思う。前例がないものだけに、非常にバラエティーに富んだもの

18　定年退職の日の筆者

だった。

ただ心配だったのは、どの教科書も非常に内容が豊富だったことである。もちろん教科書に掲載されている内容をすべて授業で取り扱う必要はないことは、以前から文部科学省も言ってきたが、その取捨選択はなかなか難しいのではないだろうかと思えた。どの教科書もかなり高度な内容を含んでおり、全国すべての高校一年生が履修するにはかなりの困難を伴うだろう。また、限られた時間数での授業はなかなか工夫が必要となるだろうとも思えた。さらに指導する先生方も従来の世界史、日本史とは異なるテーマであり、相当な準備が必要となるだろうと感じられた。

教科書課内の親睦組織

直接検定とは関係ないが、教科書課内の親睦組織について記しておこう。おそらく多くの企業や役所などでもあるように、教科書課と教科書調査官を合わせた親睦組織が存在する。かつて調査官室が三つに分かれおり、内部で本室と呼んでいる事務の部屋とを合わせて、四つの部屋があることから四葉会という名称である。

この四葉会の最大のイベントは四月一日の歓送迎会である。コロナ前は、隣にある霞が関ビルの中の宴会場で行われてきた。新たに採用された教科書調査官の紹介、転出もしくは定年退職となる調査官への慰労の花束と金一封、同じように新たに配属となった事務官、転出する事務官の紹介などであった、そこには大臣官房審議官、時には初等中等教育局長も顔を見せた。七、八十人を超えるかなり盛大なパーティーである。私の若いころ、出席した審議官が検定課長に、これだけの人数がいれば課長は小さな局の局長並みだねと言ったところ、課長は、「それでは審議官はさしずめ次官ですね」などといった、おかしな会話をしているのを聞いた覚えがある。

それ以外に四葉会では、完全週休二日となる前は、十一月末から十二月にかけて、これも世間で当時よく見かけたことだが、忘年会旅行に出かけた。この時期になると、当時の大蔵省との間の道に観光バスが何台も駐車して、いろいろな課が伊豆・箱根方面を中心に忘年会旅行に出かけていった。まさに昭和の風景だった。私が入省した最初の年は、伊豆の稲取だった。お決まりの大広間での宴会だった。私はその前に東大百年史の仲間と飲み、胃腸を壊していたので、アルコールは控えており、普段とは異なる人々の姿を目の当たりにした。ただし、時野谷滋・後藤二郎の両主任教科書調査官は来られなかった。
こうした忘年会旅行は事務官が主体であり、教科書調査官は全体としてあまり出席しなかったように思う。私も四葉会の幹事がまわってきた年以外は、数年に一度くらい出席した記憶がある[132]。

教科書の採択について

教科用図書、いわゆる検定教科書は検定作業の翌年、小学校と中学校の教科書は、おおよそ市町村ごとにどの教科書を使用するかという採択作業がなされる。高等学校は、学校ごとに使用する教科書が自由に選ばれていると聞く。小中学校を含めてそれに関しては文部科学省はタッチしない。もちろん我々はまったくタッチしない。採択後に都道府県教育委員会を通じて採択数の報告が文部科学省にあり、文部科学大臣が各発行者（出版社）に対して採択数に応じた部数の発行を命じる仕組みになっている。我々は、その集計後に、どの出版社がどのくらい採択されたかを知るのみである。ただ自分が担当した教科書がどのくらい採択されたかはほんのわずかだが気になった。

それ以外で外部の方から質問されたことがあったのは、各出版社が発行する教師用指導書についてである。各出版社は指導書も含めて、参考書などを発行している場合が多い。これらは出版社が独自に編集しているものであって、教科書検定の対象ではないから、教科書調査官はいっさい関与していない。高額な教師用指導書は教科書調査官室や教科書課にも置かれていないので、そのもの自体を見る機会がない。教科書は決して儲かる商品ではないようだ。しかし、出版社にとっては中心となる商品である。一度採択されると、基本的に四年間は自動的に売れることになる。そうした商品としての面は、これまでの報道などで無視されてきた感がある。

今後デジタル化するであろう教科書に対する検定がどう行われるかは、まったく未知数なのではないだろうか。そこにどのような記述が反映されるのかは、いささか危惧するところではある。

検定関係文書について

最後に一つ、検定関係の文書について触れておこう。三十五年の教科書調査官生活を通して、かなりの数の教科書に接してきた。それらの検定に際しては、毎年調査官内部で検討を重ね、事務との打ち合わせを行い、検定調査審議会に上程してご審議していただき、その答申を得て、文部科学大臣が検定意見を決定して、出版社側に検定意見書を交付している。その際に、出版社側からの要望により、教科書調査官が検定意見について口頭で説明することが一般的である。その過程で、私自身のメモ、調査官内部での打ち合わせの資料、さらに事務との打ち合わせ資料、審議会でご審議いただくための調査意見書などの各種の書類を作成し、出版社に伝達する際にも、口頭伝達用の詳しい資料を作成した。同じような記述に繰り返し意見を付することが多いから、歴史の教科書調査官はこれらの資料、とりわけ将来問題になる可能性のありそうな箇所を中心に書類を保存するのが一般的だったように思う。文部科学省をはじめ、政府はこれらの文書を私的メモと位置づけており、公文書として保存が義務づけられる、最終的な検定意見の原議書などとは区別している[133]。

しかし、私はそれぞれの検定作業がどのような経緯で行われ、決定されたかを資料として残すことも必要ではないだろうかと考え、わりに早い時期からそう厳密ではないが書類を残してきた。ただし私は整理能力が乏しく、ほとんど整理されないまま山積みの状況で保存してきた。それらを文部科学省退職とともに、自宅に持ち帰った。

そして、これらの資料をしかるべき機関に保管してもらいたいと考えていた。某国立大学教官をしている知人に話をしたところ、その大学の文書館で引き取ってもよいとの話が進んだが、その後その大学の学内事情により、その話は立ち消えとなってしまった。さらに日本教育史の大家である寺崎昌男東京大学・立教大学名誉教授にお話したところ、ある民間会社の資料館を紹介されたが、これも行き詰まっている。また政治家・官僚などの資料を収集・公開している国立国会図書館憲政資料室に打診したところ、あっさりと断られてしまった。ということで、私の手元にある三十余年分の資料、とりわけ「つくる会」教科書の検定や沖縄戦問題に関する厖大な内部資料（私的メモ）が、現在段ボール箱十数箱に詰められたまま行き先がない状態になっている。最悪の場合、残念ながら自治体の可燃ごみ、もしくは資源ごみに出すしかないだろう。

注

1 伊藤隆（一九三二～二〇二四） 東京大学名誉教授。専門は日本近現代史。著書は『昭和初期政治史研究』（東京大学出版会）、『歴史と私』（中公新書）ほか。

2 博士後期課程の最長在学期間を六年としている大学院が多いが、東京大学大学院学則では、計画的な履修を認められた場合を除き、博士後期課程の在学年限を五年としている。

3 日本学術振興会が特殊法人であったころの若手研究者支援制度。その後、昭和六十（一九八五）年に特別研究員（ＰＤ）制度となった。

4 時野谷滋（一九二四～二〇〇六） 専門は日本古代史。一九七三～八五年在任。定年退職後、関東学園大学教授を経て関東短期大学学長となる。著書は『律令封禄制度史の研究』（吉川弘文館）、『家永教科書裁判と南京事件』（日本教文社）ほか。

5 昭和五十七（一九八二）年、前年度の高校歴史教科書検定で、文部省が中国華北地域などアジアへの「侵略」を「進出」に書き換えさせたと報道されたことに端を発する国内・外交問題。その後、一部のマスコミは、こうした事実はなく、誤報であったと報じた。現在の日本政府は、日中戦争に関しては侵略を進出と書き改めた事例はなかったが、東南アジアへの侵略を進出と書き改めた事例はあったと説明している（平成十三〈二〇〇一〉年五月三十日衆議院文部科学委員会答弁）。

6 嵐義人（一九四四～） 専門は日本古代史。定年退職後、國學院大學教授に着任。著書は『余蘊孤抄』（アーツ・アンド・クラフツ）ほか。

7 森茂暁（一九四九～） 専門は日本中世史。一九八一～八五年在任。京都産業大学に転出。福岡大学名誉教授。著書は『日本中世史論集』（勉誠社）、『建武政権』（講談社学術文庫）ほか。

8 森義信（一九四三〜） 専門は西洋中世史。一九九四年大妻女子大学に転出。大妻女子大学名誉教授。著書は『西欧中世軍制史論』（原書房）、『メルヘンの深層』（講談社）ほか。

9 尾張徳川家が設立した財団法人徳川黎明会に所属する林業史研究機関。東京都豊島区目白に所在。

10 御厨貴（一九五一〜） 東京大学・東京都立大学名誉教授、東京大学先端科学技術研究センター・フェロー。専門は日本政治史。著書は『明治国家と地方経営』（東京大学出版会）、『オーラル・ヒストリー』（中公新書）ほか。

11 三谷博（一九五〇〜） 東京大学名誉教授。専門は日本近代史。著書は『明治維新とナショナリズム』（山川出版社）、『明治維新を考える』（岩波現代文庫）ほか。

12 佐々木隆（一九五一〜） 元聖心女子大学教授。専門は日本近代史。著書は『藩閥政府と立憲政治』（吉川弘文館）、『日本の歴史　明治人の力量』（講談社学術文庫）ほか。

13 土田直鎮（一九二四〜九三） 東京大学名誉教授、元国立歴史民俗博物館館長。専門は日本古代史。著書は『奈良平安時代史研究』（吉川弘文館）、『日本の歴史　王朝の貴族』（中公文庫）ほか。

14 坂野潤治（一九三七〜二〇二〇） 東京大学名誉教授。専門は日本近代史。著書は『明治憲法体制の確立』（東京大学出版会）、『日本近代史』（ちくま新書）ほか。

15 菱村幸彦（一九三四〜） 昭和三十四（一九五九）年入省。初等中等教育局長で退官後、国立教育研究所長などを歴任。

16 当時の新聞・雑誌のほか、ウェブ上には今なおこの種の記事が散見される。平成十九（二〇〇七）年十月二十四日の衆議院文部科学委員会でも日本共産党の石井郁子委員が日本史調査官の履歴について質問し、「調査官になるに当たってはこの伊藤隆氏からの推薦というのがあったんじゃないんですか」と発言している。近年刊行された俵義文氏（元出版労連幹部）の『戦後教科書運動史』（平凡社新書、二〇二〇年）でも「社会科ではある時期まで、「つくる会」理事で育鵬社歴史教科書編集の代表者を務める伊藤隆（東京大学名誉教授）の推薦で、その弟子たちが調査官になっていた」と断定的に記されている。

また、石山久男『教科書検定』（岩波ブックレット、二〇〇八年）の「日本史担当の教科書調査官四人のうち近代史担当の二人が、いずれも「つくる会」の元理事で、いまは八木秀次氏らの「教科書改善の会」の役員となっている伊藤隆・元東大教授と師弟関係にある人物であることが明らかになっています（『しんぶん赤旗　日曜版』二〇〇七年一一月四日号）。教科書調査官という職を特定の思想的グループが独占することも可能なシステムであることは、非常に問題です」という記述から導き出されるような、教え子や共著者は伊藤氏と同じ思想の持ち主であるという言説も多かった。こうした運動家の論法だと、伊藤氏と共著がある宮地正人東京大学名誉教授や、教え子かつ後任の加藤陽子元東京大学教授も伊藤氏と同じ思想の持ち主ということになってしまう。

17　教科書課は昭和三十九（一九六四）年に教科書検定課・教科書管理課の二課に分かれたが、昭和六十三（一九八八）年に再び教科書課に統合されて現在に至る。

18　文部科学省組織規則には「教科書調査官は、命を受けて、検定申請のあった教科用図書の調査に当たる」と記されている。二〇〇〇年代の初めまでは、およそ採用時三十五歳以上の場合、教科書調査官として採用され、それ未満の場合は教科書課専門職員（通称、教科書調査官心得）として採用されていた。二〇一〇年代ごろには三十五歳未満でも教科書調査官として採用されるようになった。一一ページの「省内限りのもの」（辞令）については、本書一八九ページを参照のこと。

19 現在の俸給表上の位置づけは、主任教科書調査官は課長級、教科書調査官は室長・企画官級もしくは課長補佐級となっている。

20 両袖抽斗の木製机（幅約一五〇センチメートル、奥行き約七五センチメートル）で、机上には同幅の扉付き書類棚が載っている。役所では官職（俸給）によって机の大きさ、抽斗が両袖か片袖か、椅子の背もたれ・肘掛けの有無などが決まっている。教科書調査官の机は、事務官でいえば、室長・企画官という管理職相応の大きさの机であるが、机上の書類棚は独特である。

21 秘書が付くのは、官職でいえば官房審議官以上であるから、視学官（学校教育の指導を行う職）室と教科書調査官室に秘書がいたのは、特例的である。そのため秘書が付いていることに矜持をもっていた調査官もいた。事務職の定員削減の影響もあって、平成十六（二〇〇四）年の丸の内仮庁舎移転のころになくなった。

22 課長の上、局長の下に相当するポスト。大臣官房に属する審議官が各局に一、二名配属され、局長に代わって担当課を総括している。教科書検定の際の事務手続きでも、教科書調査官が初等中等教育局長に問題点を説明することは例外的であり、通常は審議官説明をもって、省内の打ち合わせは終わる。なお、同じ「審議官」という名称でも、文部科学審議官は事務次官に次ぐ次官級ポスト、大臣官房の総括審議官は局長級ポストである。

23 初等中等教育局教育課程課に属し、学習指導要領の作成や教育課程に関する専門的・技術的な指導を職務とする。大半は小中高の教育現場や教育委員会の出身者である。現在は、国立教育政策研究所に所属する職員が兼任している。

24 平泉澄（一八九五〜一九八四） 元東京帝国大学教授、白山神社宮司。専門は日本中世史。著書は『中世に於ける社寺と社会の関係』（国書刊行会）、『国史学の骨髄』（錦正社）ほか。

25 照沼康孝「平泉澄氏インタビュー（一）〜（四）」（『東京大学史紀要』一三〜一六、一九九五〜九八年）。インタビューは昭和五十三（一九七八）年十一月のこと。

26 旧庁舎の第一教科書調査官室では、国語・社会・芸術の調査官が執務していた。ドアを入って左手に日本史調査官の席が四つ並んでおり、背中合わせに政治・経済の調査官の席が四つ並んで、ひとつの空間を構成していた。日本史手前の別空間に世界史調査官三名の席、政治・経済の席のさらに左手に倫理や地理の調査官席があった。

27 高坂正堯（一九三四〜九六） 元京都大学教授。専門は国際政治学。著書は『海洋国家日本の構想』（中公クラシックス）、『高坂正堯外交評論集』（中央公論社）ほか。

28 佐古丞（一九五二〜二〇一九） 専門は日本政治外交史。元大阪学院大学教授。著書は『未完の経済外交』（PHP新書）、『変容する国際政治』（晃洋書房）。

29 西岡武夫（一九三六〜二〇一一） 衆議院議員・参議院議員。自民党時代、竹下・宇野内閣の文部大臣、民主党政権下で参議院議長を務めた。

30 令和三（二〇二一）年の教科書調査官公募制導入にともない、「担当教科について、大学における教育研究実績や教育委員会における指導実績等を通じ、高度に専門的な学識・経験を有すると認められる者」に変更された。社会科の教科書調査官は、従来の規定通り、大学や高専に教員として所属する各分野の研究者から選考しており、小中高の教員を採用することはなかったが、他の教科では小中高の教員や指導主事を採用することもある。

31 教科書調査官は研究職ではないので、研究者番号が与えられていない。そのため、科学研究費補助金の基盤研究などの研究代表者・研究分担者となることはできず、研究費が配分されない研究協力者としての扱いとなる。研究代表者となれるのは、応募資格をもたない者を対象とする奨励研究のみである。研究者番号を持つ国立教育政策研究所の研究職を兼ねる教科調査官とは扱いに大きな違いがある。教科書調査官が行政職に含まれ、研究職として扱われないのは、教科書検定という行政処分を執行するためとされる。

32 家永三郎（一九一三〜二〇〇二） 東京教育大学名誉教授。専門は日本思想史。著書に『家永三郎集』全十六冊（岩波書店）、『一歴史学者の歩み』（岩波現代文庫）ほか。昭和四十（一九六五）年の一次訴訟提訴から平成九（一九九七）年の三次訴訟判決まで、国を相手取る教科書裁判を続けた。

33 戊辰戦争の際、近江国で組織された官軍の先鋒隊。年貢半減を布告しながら東へと進軍したが、方針転換により半減令を撤回した新政府は帰還を命じた。進軍を続けた相楽総三らは捕らえられて処刑された。

34 昭和十二（一九三七）年、日本軍の南京占領の際に中国軍民に加えられた虐殺行為。被害者数、期間の捉え方などに関して、多くの論争がある。

35 細菌戦の研究・遂行のために日本陸軍が創設した特殊部隊。満州（中国東北部）のハルビン郊外に本部が置かれ、生体実験などが行われたとされる。森村誠一『悪魔の飽食』（角川書店）で注目された。教科書に取り上げることの当否が裁判の争点となった。

36 昭和二十（一九四五）年三月末から六月末まで沖縄本島と周辺の島々で行われた日米両軍の地上戦。集団自決と住民殺害が裁判の争点となった。

37 表紙・奥付に申請者を特定するような書名・発行者名が入っていないので、「白表紙本」とよばれている。申請受付した際に、表紙に受理番号が押印される。図版7参照。

38 永原慶二（一九二二〜二〇〇四）一橋大学・和光大学名誉教授。専門は日本中世史。著書は『永原慶二著作選集』全十冊（吉川弘文館）、『二〇世紀日本の歴史学』（吉川弘文館）ほか。

39 秦郁彦（一九三二〜）元日本大学教授。専門は日本近現代史。著書は『盧溝橋事件の研究』（東京大学出版会）、『南京事件』（中公新書）ほか。

40 時野谷滋『家永教科書裁判と南京事件』（日本教文社）によれば、同氏が証人として法廷に立ったのは、昭和六十二（一九八七）年二月十七日・同六月十六日の東京地裁である。

41 平成五（一九九三）年三月十六日の最高裁判決。教科書検定が憲法で禁じる検閲に当たるか否かが最大の争点であったが、家永氏側の請求はすべて棄却され、国側の全面勝訴となった。なお、第二次訴訟は一審・二審で原告勝訴だったが、学習指導要領の改訂によって、原告の処分取消請求に訴えの利益があるか否かが問題になるとして、差し戻され、平成元（一九八九）年六月二十七日に一審判決を破棄する東京高裁差し戻し審判決が出されていた。第三次訴訟の最高裁判決は平成九（一九九七）年八月二十九日である。第三次訴訟では、検定自体は合憲としながらも、四件については裁量権の逸脱を認め、国側に賠償を命じた。

42 寺田登（一九五一〜）　専門は日本近世史・社会科教育。一九八五〜九三在任。教科調査官に異動。国立教育政策研究所名誉所員。

43 関幸彦（一九五二〜）　専門は日本中世史。一九八五〜九八年在任。鶴見大学に転出後、日本大学教授。著書は『国衙機構の研究』（吉川弘文館）、『刀伊の入寇』（中公新書）ほか。

44 昭和六十一（一九八六）年三月に日韓両政府が秋の訪韓予定を発表していた。

45 政財界人、文化人、神社本庁などの宗教関係者を中心に、昭和五十六（一九八一）年に発足した「日本を守る国民会議」（加瀬俊一議長、黛敏郎運営委員長）は、憲法の改正、国を守る国民意識の高揚、教育の正常化をテーマに運動する中で、同五十七年の「侵略・進出」問題を契機として、同五十八年より「偏向していない、我々の構想する正しい歴史教科書」を目指して、高校用日本史教科書作成に取り組んでいた。

46 教科書検定の審査基準を定めた「教科用図書検定基準」に義務教育諸学校および高等学校の社会科の固有条件として、「選択・扱い及び構成・配列」に「近隣のアジア諸国との間の近現代の歴史的事象の扱いに国際理解と国際協調の見地から必要な配慮がなされていること」という項目が設けられた。これまでの教科書検定で、この基準が適用されたことはない。

47 増井経夫（一九〇七〜九五）　金沢大学名誉教授。専門は中国近代史。著書は『太平天国』（岩波

新書)、『大清帝国』(講談社学術文庫)ほか。

48 正確には、合否の判定留保という。発行者に検定意見を通知し、その部分が適切に修正されると、合格決定となる。

49 昭和六十一(一九八六)年五月二十四日の朝日新聞朝刊の報道に始まる新聞・雑誌の主要記事は、村上義雄編『天皇の教科書』(晩聲社)、村尾次郎監修『新編日本史のすべて』(原書房)にまとめられている。

50 六月十日の朝日新聞報道によれば、七日に中国外務省アジア局長が日本の臨時代理大使を呼んで、是正を求める中国外務省の覚書を手渡した。また、同八日には韓国政府が調査を始めたこと、十一日には日本政府が検定中であることを韓国政府に伝達したことが報道されているが、韓国政府の修正要求については報道されていない。その後、七月二十五日の藤尾正行文部大臣の発言に対して韓国政府は遺憾の意を表明した。具体的な箇所は、新華社や人民日報による報道の形で伝えられていた。

51 『新編日本史のすべて』(前掲)には、著者・出版社側と文部省とのやりとりが記録されているが、第三次以降の修正要求がホテルで行われたことは記されていない。

52 中曽根康弘(一九一八〜二〇一九)元衆議院議員。内閣総理大臣(一九八二〜八七年在任)。

53 『日本史研究』二九一号(一九八六年)が「『新編日本史』をよむ」で批判し、『歴史評論』四四四号(一九八七年)が「『新編日本史』を斬る」という特集を組んだ。『新編日本史』(原書房)は平成五(一九九三)年まで使用された。その内容は、同元年に検定合格した『最新日本史』(国書刊行会、のち明成社）に引き継がれ、令和五（二〇二三）年まで使用された。

54 藤尾正行（一九一七～二〇〇六） 元衆議院議員。昭和六十一（一九八六）年第三次中曽根内閣の文部大臣となる。『文藝春秋』同年十月号での歴史教科書問題に関する発言が問題となり、首相から自発的な辞任を求められたが、それを拒否して九月九日に罷免された。

55 昭和六十三（一九八八）年度検定申請、平成二（一九九〇）年使用開始。その後、平成九（一九九七）年度検定版まで十年余り使用された。

56 平成元（一九八九）年告示の小学校学習指導要領で、第六学年の「内容の取扱い」に「次に掲げる人物を取り上げて指導すること」として、卑弥呼、聖徳太子、小野妹子、中大兄皇子、中臣鎌足、聖武天皇、行基、鑑真、藤原道長、紫式部、清少納言、平清盛、源頼朝、源義経、北条時宗、足利義満、足利義政、雪舟、ザビエル、織田信長、豊臣秀吉、徳川家康、徳川家光、近松門左衛門、歌川（安藤）広重、本居宣長、杉田玄白、伊能忠敬、ペリー、勝海舟、西郷隆盛、大久保利通、木戸孝允、明治天皇、福沢諭吉、大隈重信、板垣退助、伊藤博文、陸奥宗光、東郷平八郎、小村寿太郎、野口英世の四十二人が例示された。

57 御手洗康（一九四六～） 昭和四十四（一九六九）年入省、事務次官で退官後、放送大学学園理事長などを歴任。現、共立女子学園学園長。

58 矢野重典（一九四七～） 昭和四十六（一九七一）年入省。文部科学審議官で退官後、国立教育政策研究所長、川村女子大学教授などを歴任。

59 改善意見が国家賠償法上の違法となるか否かについて争われた裁判で、平成九（一九九七）年、最高裁は、原則として、違法とはならないとの判決を下した。

60 日本出版労働組合連合会（出版労連）が年一回発行している。運動の立場からの特集記事と、検定や採択などに関する資料から構成されている。最新号は令和六（二〇二四）年発行の六七号。

61 文部科学省組織規則では「命を受けて、教科書課の所掌事務に係る重要事項についての企画及び立案に参画する」と規定されている。教科書課内では、課長に次ぐ地位のキャリア官僚で、課長の下、三つの係に分担されている検定事務を統括している。

62 貫達人（一九一七～二〇〇九）青山学院大学名誉教授。専門は日本中世史。著書は『畠山重忠』（吉川弘文館）、『鶴岡八幡宮寺』（有隣新書）ほか。

63 大石慎三郎（一九二三～二〇〇四）学習院大学名誉教授。専門は日本近世史。著書は『封建的土地所有の解体過程』（御茶の水書房）、『田沼意次の時代』（岩波現代文庫）ほか。晩年、『新しい歴史教科書』（扶桑社）の監修者となった。

64 須之部量三（一九一八～二〇〇六）杏林大学名誉教授。昭和十六（一九四一）年外務省入省。元外務事務次官。

65 審議会委員の定数が制限されているため、その定員内の正委員と、定員外の臨時委員の別があり、部会長や小委員長は正委員から選ばれる。

66 長井純市（一九五六～）専門は日本近代史。一九九三～九八年在任。法政大学に転出。元法政大学教授。著書は『河野広中』（吉川弘文館）。

67 福地惇（一九四五～）高知大学名誉教授。専門は日本近代史。著書は『明治新政権の権力構造』（吉川弘文館）。

68 嵐氏は、その後も書類上では教科書調査官として在任しているが、平成十二（二〇〇〇）年度の検定以降、いっさい検定業務に携わっていない。他の教科書調査官は、局長の命により他所で別の仕事をしていると聞かされていた。平成十四（二〇〇二）年には実質的な後任として三谷芳幸氏が着任している。嵐氏は平成十六（二〇〇四）年に名目上の主任教科書調査官となり、翌十七年に定年退職して、母校の國學院大學に教授として着任した。

69 十一月二十六日付け。新聞報道によれば、文部省（有馬朗人大臣）は、福地氏の教科書批判、学習指導要領批判の発言が、学習指導要領や教科書検定制度の信頼性を損う行為だと判断した。この処分に対して、「新しい歴史教科書をつくる会」のメンバーなどが撤回を要求した。その後、福地氏は初等中等教育局視学官となり、平成十五（二〇〇三）年に大正大学に転出した。そして同会に深くかかわるようになった。

70 町村信孝（一九四四～二〇一五） 元衆議院議員。橋本内閣・森内閣で文部大臣、初代文部科学大臣を務め、平成二十六（二〇一四）年に衆議院議長となった。小・中同時検定の決定は一九九七～八年の橋本内閣の文部大臣時代。

71 村瀬信一（一九五四～） 専門は日本近現代史。二〇〇〇～二〇年在任。元文部科学省主任教科書調査官。著書は『明治立憲制と内閣』（吉川弘文館）、『帝国議会』（講談社選書メチエ）ほか。

72 季武嘉也（一九五四～） 元創価大学教授。専門は日本近代史。著書は『大正期の政治構造』（吉川弘文館）、『原敬』（山川出版社）ほか。

73 長沼秀世（一九三七〜）津田塾大学名誉教授。専門はアメリカ史。著書は『アメリカの社会運動』（彩流社）、『ニューヨークの憂鬱』（中公新書）ほか。

74 高橋秀樹（一九六四〜）専門は日本中世史。二〇〇〇〜一七年在任。現、國學院大學教授。著書は『日本中世の家と親族』（吉川弘文館）、『古記録入門　増補改訂版』（吉川弘文館）ほか。

75 平成十二（二〇〇〇）年十一月五日の毎日新聞によるスクープ記事に端を発した。一九九〇年代半ば以降に刊行された複数の日本史辞典、文化庁編の著作ほかの概説書に上高森遺跡（宮城県）出土石器が六十万年前と書かれており、ほとんどの教科書が五十万年前あるいは六十万年前と記述していた。

76 西尾幹二（一九三五〜二〇二四）電気通信大学名誉教授。専門はドイツ哲学。著書は『西尾幹二全集』（国書刊行会）、『ニーチェ』（ちくま学芸文庫）ほか。

77 藤岡信勝（一九四三〜）元東京大学教授。専門は社会科教育。著書は『自由主義史観とは何か』（ＰＨＰ文庫）ほか。

78 西尾幹二『国民の歴史』（産経新聞ニュースサービス、一九九九年）、西部邁『国民の道徳』（産経新聞ニュースサービス、二〇〇〇年）。ともに、新しい歴史教科書をつくる会編、扶桑社発売。

79 上野稔弘（一九六五〜）専門は中国現代史。一九九七〜二〇〇一年在任。現、東北大学准教授。

80 玉井日出夫（一九四九〜）昭和四十九（一九七四）年入省。官房長を経て文化庁長官で退官後、玉川大学教授となる。現、武庫川女子大学客員教授。

81 大島理森（一九四六〜）元衆議院議員。森内閣で文部大臣となり、二〇一五年から二〇二一年まで衆議院議長を務めた。

82 森喜朗（一九三七～） 元衆議院議員。昭和五十八（一九八三）年第二次中曽根内閣の文部大臣。二〇〇〇～一年内閣総理大臣。

83 野田英二郎（一九二七～） 昭和二十五（一九五〇）年外務省入省。元インド大使。

84 平成十二（二〇〇〇）年十月十九日の産経新聞による報道。

85 大槻達也（一九五八～） 昭和五十六（一九八一）年入省。総括審議官を経て国立教育政策研究所長、東北大学理事で退官。現、桜美林学園理事長。

86 第一調査官室の横にあった部屋で、部屋の半分は課内の倉庫代わりに使われていた。意見通知のほか、日常的には出版社の編集者との面会用、調査官や事務方の会議に使われていた。

87 坂本多加雄（一九五〇～二〇〇二） 元学習院大学教授。専門は日本政治思想史。著書は『坂本多加雄選集』（藤原書店）、『市場・道徳・秩序』（ちくま学芸文庫）ほか。

88 高森明勅（一九五七～） 國學院大學兼任講師。専門は神道学。著書は『天皇と民の大嘗祭』（展転社）ほか。

89 室井俊通（一九四九～） 専門はドイツ史。一九九四～二〇一三年在任。主任教科書調査官・視学官で定年退職後、帝京大学教授に着任。

90 楠精一郎（一九五二～二〇〇六） 元東洋英和女学院大学教授。専門は日本政治史。著書は『明治立憲制と司法官』（慶應通信）、『昭和の代議士』（吉川弘文館）ほか。

91 中村隆英（一九二五～二〇一三） 東京大学名誉教授。専門は日本経済史。著書は『戦前期日本

経済成長の分析』(岩波書店)、『昭和史』(東洋経済新報社)ほか。

92 検定調査審議会の審査によって、合格、不合格、合否の判定留保の判断が行われる。大半の申請図書は合否の判定留保となり、その後の修正作業を経て再度の審議が行われ、合格となる。「条件付き合格」は、この合否の判定留保の意。

93 新聞報道によれば、平成十三(二〇〇一)年五月八日に韓国政府から正式な外交ルートを通じて、他の中学校歴史教科書を含めた三十五項目の具体的な修正要求があった。中国政府は韓国と共同歩調をとって同十六日に八か所の修正を要求した。韓国からの要求箇所は古代から近代まで及んでいたが、中国からの要求箇所は近代部分のみだった。新編日本史の時は、中韓両国での報道を踏まえた対応であったが、つくる会教科書の時は、具体的箇所についても外交ルートでの申し入れだった点が大きく異なる。なお、当時は小泉政権で、遠山敦子文部科学大臣、田中真紀子外務大臣であった。

94 宮嶋博史(一九四八〜) 東京大学名誉教授。専門は朝鮮社会経済史。著書は『朝鮮土地調査事業史の研究』(汲古書院)、『両班』(中公新書)。

95 森山茂徳(一九四九〜) 首都大学東京名誉教授。専門は東アジア比較政治史。著書は『近代日韓関係史研究』(東京大学出版会)、『日韓併合』(吉川弘文館)ほか。

96 原田環(一九四六〜) 県立広島大学名誉教授。専門は朝鮮近現代史。著書は『朝鮮の開国と近代化』(渓水社)。

97 審議会委員のほか、朝鮮史の武田幸男東京大学名誉教授・木村誠東京都立大学教授・李成市早稲

田大学教授・吉田光男東京大学教授、近代日中関係史の臼井勝美筑波大学教授、日本古代史の佐藤信東京大学教授をはじめとする多数の研究者に見解を伺った。古代史については、井上辰雄筑波大学教授（審議会委員）、笹山晴生学習院大学教授・佐藤教授・木村教授・早乙女雅博東京大学助教授などにお集まりいただいた専門家会議も開催した。

98 最終的には、扶桑社本の朝鮮古代史部分の一か所と他社本の年表一か所のみ修正の必要性を認めた。文部科学大臣による修正命令ではなく、発行者に情報提供し、発行者側が自発的に訂正申請するという形での修正が七月に行われた。

99 この修正要求問題以降、世界史の審議委員に朝鮮史の専門家が入るようになった。

100 平成十五（二〇〇三）年の衆議院選挙に際して出された民主党政策集「私たちのめざす社会」や平成十六年参議院選挙のマニュフェストでは教科書検定の廃止が掲げられていたが、平成十九年参議院選挙の政策リストからは検定制度の維持に政策を転換した。

101 教科書検定結果の過去の事例が文部科学省のホームページで公開されており、現在は国立国会図書館がアーカイブしたものを閲覧することができる。例えば、平成二十三（二〇一一）年度高等学校日本史教科書検定の「朝鮮政府は……防穀令を出した」という記述に対する「朝鮮政府が出したとするのは、不正確である」という検定意見などが追加された意見の一例である。

102 秦郁彦「欠陥だらけ　山川『詳説日本史』執筆者の正体」（『諸君』三五―一、二〇〇三年）や、それに基づく産経新聞報道など。

103 「日本の前途と歴史教育を考える若手議員の会」として平成九（一九九七）年に設立された自民

党内の議員連盟（会長中川昭一、事務局長安倍晋三）。その後、同十六年に「日本の前途と歴史教育を考える議員の会」に名称を変更した。

104 昭和四十九（一九七四）年八月三十日の東アジア反日武装戦線「狼」による無差別爆弾テロ事件で、八名が犠牲になった。

105 寺崎昌男（一九三二〜）　東京大学・立教大学・桜美林大学名誉教授。専門は日本教育史。著書は『日本近代大学史』（東京大学出版会）、『東京大学の歴史』（講談社学術文庫）ほか。

106 橋本昭彦（一九五九〜）　専門は日本教育史。一九八七〜二〇二二年在任。現、日本女子大学学術研究員。

107 筑波大学附属図書館に「文部科学省旧蔵教育政策関係コレクション」として、六四八点の資料が所蔵されている。

108 省史としては『学制百年史』と同時期に『戦後文部省二十五年史』（文教制度調査会、一九七二年）が刊行された。その後、簡略な『学制百二十年史』（ぎょうせい、一九九二年）、『学制百五十年史』（ぎょうせい、二〇二二年）が出版されている。

109 平成十八（二〇〇六）年九月二十六日発足。

110 下村博文（一九五四〜）　元衆議院議員。官房副長官在任は平成十九（二〇〇七）年八月まで。幼保一元化などの教育制度改革に着手した。二〇一二〜一五年文部科学大臣を務め、「道徳」を特別な教科に位置づけた。

111 元沖縄戦指揮官と遺族が大江健三郎氏・岩波書店を名誉毀損で訴えた裁判。平成十七（二〇〇五）年大阪地裁に提訴され、平成二十三（二〇一一）年最高裁が上告を棄却して、原告敗訴で結審した。

112 朝日新聞平成十九（二〇〇七）年三月三十一日朝刊には「東京・丸の内の文部科学省の一室。「なぜなのですか。詳しく説明して欲しい」。詰め寄る執筆者に、教科書調査官は「沖縄戦の実態が誤解される恐れがある。日本軍の命令があったように読める表現は削除して」と繰り返した。「とうとう来たか」。昨年度に合格した日本史教科書を執筆した高校教師はそう感じた」と報道されていた。教科書執筆者側の弁明は、石山久男『教科書検定』（岩波ブックレット、二〇〇八年）、坂本昇「教科書検定の現況と問題点」（『歴史評論』六九五、二〇〇八年）に記されている。石山氏執筆の実教出版『高校日本史』の共著者に聞いたところでは、意見通知から報道までの間に、この件に関する執筆者会議や情報交換の場はもたれなかったとのことである。

113 中井大助（一九七一〜）平成六（一九九四）年朝日新聞入社。この当時は社会部記者。現、アメリカ総局長。

114 広瀬順晧（一九四四〜二〇二三）駿河台大学名誉教授。専門は日本近現代史。著書は『昭和史の一級史料を読む』（共著、平凡社新書）。

115 有馬学（一九四五〜）九州大学名誉教授。専門は日本近現代史。著書は『帝国の昭和』（講談社学術文庫）、『「戦後」を読み直す』（中公選書）ほか。

116 有馬学・三谷博編『近代日本の政治構造』（吉川弘文館）。加藤陽子・季武嘉也・古川隆久・山室建徳など十五名が寄稿している。

117 平成二十（二〇〇八）年三月七日松山地方裁判所に「えひめ教科書裁判を支える会」のメンバーら百五十一名が提訴した。

118 家永裁判以来、教科書課には訴訟専門官という課長補佐級のキャリアポストがあり、諸方面との連絡・調整に当たることになっている。なお、大手のマスコミは報じていないが、その後も、令和三（二〇二一）年に『新しい歴史教科書』を発行する自由社が令和元年度検定が「違法検定」であるとして、国と、二名の教科書調査官、審議会歴史小委員長の個人三名を被告とする裁判を起こしている。

119 文部科学省組織規則では「教科書調査官のうち文部科学大臣が指名する者十二人を、担当する教科を定めて主任教科書調査官とし、主任教科書調査官は、命を受けて、その担当する教科について、教科書調査官の職務の連絡調整に当たる」とされる。

120 平成二十九（二〇一七）年一月、元高等教育局長が私立大学教授として再就職した件で「再就職等規制」違反が発覚した。事務次官経験者や斡旋に関与した団体の長、人事課長経験者が辞任したり、処分を受けた。

121 小林和幸（一九六一〜）青山学院大学教授。専門は日本近代史。著書は『明治立憲政治と貴族院』（吉川弘文館）、『谷干城』（中公新書）ほか。平成二十五（二〇一三）年四月に教科用図書検定調査審議会臨時委員に着任。

122 古川隆久（一九六二〜）日本大学教授。専門は日本近現代史。著書は『昭和戦中期の総合国策機関』（吉川弘文館）、『昭和史』（ちくま新書）ほか。

123 教科固有の条件として「近現代の歴史的事象のうち、通説的な見解がない数字などの事項について記述する場合には、通説的な見解がないことが明示されているとともに、児童又は生徒が誤解するおそれのある表現がないこと」「閣議決定その他の方法により示された政府の統一的な見解又は最高裁判所の判例が存在する場合には、それらに基づいた記述がされていること」を加えた検定基準が平成二十六（二〇一四）年一月に告示された。

124 上山和雄（一九四六～）國學院大學名誉教授。専門は日本近代史。著書は『北米における総合商社の活動』（日本経済評論社）、『日本近代蚕糸業の展開』（日本経済評論社）ほか。

125 紀平英作（一九四六～）京都大学名誉教授。専門はアメリカ現代史。著書は『ニューディール政治秩序の形成過程の研究』（京都大学学術出版会）、『奴隷制廃止のアメリカ史』（岩波書店）ほか。

126 十一月末に不合格通知をして、翌年一月に再申請された図書の調査意見書を数週間で作成し、二月に審議会を開催して合否留保の判定が行われ、検定意見に基づく修正表が提出されると、再度審議会にかけて、三月末に検定決定するというスケジュールで、通常一年かけて行う作業を三か月程度で行うことになる。そのため、令和元（二〇一九）年の制度改定によって、小学校用・中学校用図書においても、きわめて重大な欠陥が見られたり、欠陥箇所数が著しく多い図書は年度内再申請ができなくなった。令和元年の自由社、同年以降の令和書籍の申請図書（いずれも中学校歴史）にはこの規定が適用された。

127 文部科学省組織規則では「視学官は、命を受けて、初等中等教育（幼稚園、小学校、中学校、義務教育学校、高等学校、中等教育学校、特別支援学校及び幼保連携型認定こども園における教育をいう。以下同じ。）に係る専門的、技術的な指導及び助言（スポーツ庁及び文化庁並びに総合教育政策局の所掌に属するものを除く。）に当たる」とされる。課長級のポストで、教育現場出身の教科調査官から昇進することが多い。近年は課長級キャリア官僚の待機ポストとして使われることもある。

128 平成二十二（二〇一〇）年告示の『高等学校学習指導要領解説地理歴史編』には、「高等学校学習指導要領解説地理歴史編作成協力者」として掲載されていたが、平成三十（二〇一八）年告示版では「学習指導要領等の改善に係る検討に必要な専門的作業等協力者」となっており、その関わり方の扱いが低くなっている。

129 竹内誠（一九三三〜二〇二〇）東京学芸大学名誉教授・江戸東京博物館名誉館長。専門は日本近世史。著書は『寛政改革の研究』（吉川弘文館）、『江戸と大坂』（小学館ライブラリー）ほか。

130 平成十（一九九八）年告示の中学校学習指導要領（社会科歴史的分野）では、内容の取扱いに「深入りしないようにすること」「網羅的な取扱いにならないようにすること」がいくつかの内容に対して書かれていたが、理科のような「扱わないこと」という規定はなかった。

131 中学校歴史教科書における世界史的内容など、明らかに学習指導要領の範囲を超える内容については、囲みやフォントの違いなどによって本文と区別し、「発展」のマークを付すことで掲載を認めた。

132 四葉会のほか、全教科書調査官から構成され、研修を目的とする教科書調査官研究会がある。幹事相伝の資料によれば、昭和三十（一九五五）年から活動が始まり、初期には講演、視察報告、機構や検定に関する討議、新聞・雑誌記事に関する報告、教科書発行者との懇談、各年度検定の回顧などが月数回の頻度で行われていたが、一九七〇年代には年数回の講演、報告が行われる程度となり、八〇年代には研究機関・施設の見学が年に一、二度行われるのみとなった。小中同時検定と扶桑社本検定が重なった平成十二（二〇〇〇）年以降は、ほぼ活動が停止され、年一回の総会だけが行われている。年次休暇を取得しての外出であっても、調査官全員が職場を離れることに対する事務方の懸念も活動停止の背景になっていた。

133 公文書管理法によれば、公文書は行政文書・法人文書・特定歴史公文書に分類される。行政文書は、「行政機関の職員が職務上作成し、又は取得した文書であって、当該行政機関の職員が組織的に用いるものとして当該行政機関が保有しているもの」と定義されている。法人文書は独立行政法人等における同質のもの、特定歴史公文書は国立公文書館等に移管された文書をさす。また、行政文書の管理に関するガイドライン（平成二十三年内閣総理大臣決定）によれば、職員が自己の執務の便宜のために保有している写しや職員が起案の下書きをしている段階のメモは、行政文書には当たらない。

したがって、この検定関係文書は、個人メモという性格のもので、一部に行政文書の写しが含まれるものの、それも筆者個人が保管している段階で行政文書には当たらないということになる。

解説

教科書と教科書検定の制度について

高橋秀樹

昭和二十三（一九四八）年に制定された「教科書の発行に関する臨時措置法」において、「「教科書」とは、小学校、中学校、高等学校及びこれらに準ずる学校において、教科課程の構成に応じて組織排列された教科の主たる教材として、教授の用に供せられる児童又は生徒用図書であつて、文部大臣の検定を経たもの又は文部大臣において著作権を有するもの」と定義された。この法律は、戦後の厳しい経済状況のなかで、教科書の需要供給の調整をはかり、迅速確実な発行と、適正な価格維持によって、学校教育の目的を達成するためにつくられた。同法とその施行規則によって、現在の教科書制度の枠組みが成り立っている。

また、昭和二十二（一九四七）年の学校教育法で、小学校では「監督庁の検定若しくは認可を経た教科用図書又は監督庁において著作権を有する教科用図書を使用しなければならない」と定められており、中学校・高等学校などでもこれが準用されている。そして、「教科用図書検定規則」「教科用図書検定規則実施細則」によって教科書検定は制度化された。家永三郎氏が起こした裁判で、教科書検定が違憲か合憲かが争われたが、教科書検定を合憲とする最高裁判所の判決が平成五（一九九三）年に確定している。

検　定　教科書検定とは、民間で著作・編集された図書について、文部科学大臣が教科書として適切か否かを審査し、これに合格したものを教科用図書（教科書）として使用することを認めることである。現在、日本の小学校・中学校・高等学校で使われる教科書のほとんどは、この制度に基づいて発行されている（高等学校の職業教育を主とする専門学科の一部については、文部科学省が著作の名義を有する教科書もある）。

検定は、原則として、小学校、中学校、高等学校、高等学校のサイクルで毎年行われており、たとえば、平成三十（二〇一八）年度は小学校教科書、令和元（二〇一九）年度は中学校教科書、令和二（二〇二〇）年度は高等学校教科書（主として低学年用）、令和三（二〇二一）年度は高等学校教科書（主として中学年用）の検定が行われた。そして、令和四（二〇二二）年度は再び小学校教科書の検定年となった。

検定の受付は官報で告示され、教科書発行者は所定の期間内（日本史教科書の場合は、およそ年度初めの四月ごろ）に、申請書類や申請図書を文部科学省に提出する。申請を受けた文部科学大臣は、諮問機関である教科用図書検定調査審議会に、教科書として適切であるかどうかを諮問し、審議会での専門的・学術的な審議を経て答申が行われると、文部科学大臣はこの答申に基づいて検定を行う。教科書として適切であるかどうかは、教科用図書検定基準に基づいて審査されることになっている。この教科用図書検定基準は、主として、学習指導要領に沿っているか、取り上げる題材の選択・扱いが公正か、誤りや誤解するおそれはないかという三つの観点から構成されている。

次頁に『教科書制度の概要』（文部科学省）掲載の「教科書検定の手続」という図を掲げた。具体的な検定の手順は次のようになる。

①申請図書（申請者を特定するような書名や発行者名が入っていないので「白表紙本」と通称される）を文部科学省の常勤職員である教科書調査官や非常勤職員として任命された審議会委員・専門委員が調査する。およそ四月末から半年をかけて調査は行われる。

②教科書調査官が調査意見書を作成し、これを文部科学省の原案として審議会に上程する。審議会は、第二部会が社会科の部会で、その下に高等学校だと日本史小委員会、中学校だと歴史小委員会、小学校だと小学校小委員会があり、最初にそれらの小委員会で審議が行われることになる。小委員会で審議された判定案は、小委員会から部会に上程され、そこで合格・不合格・合否の

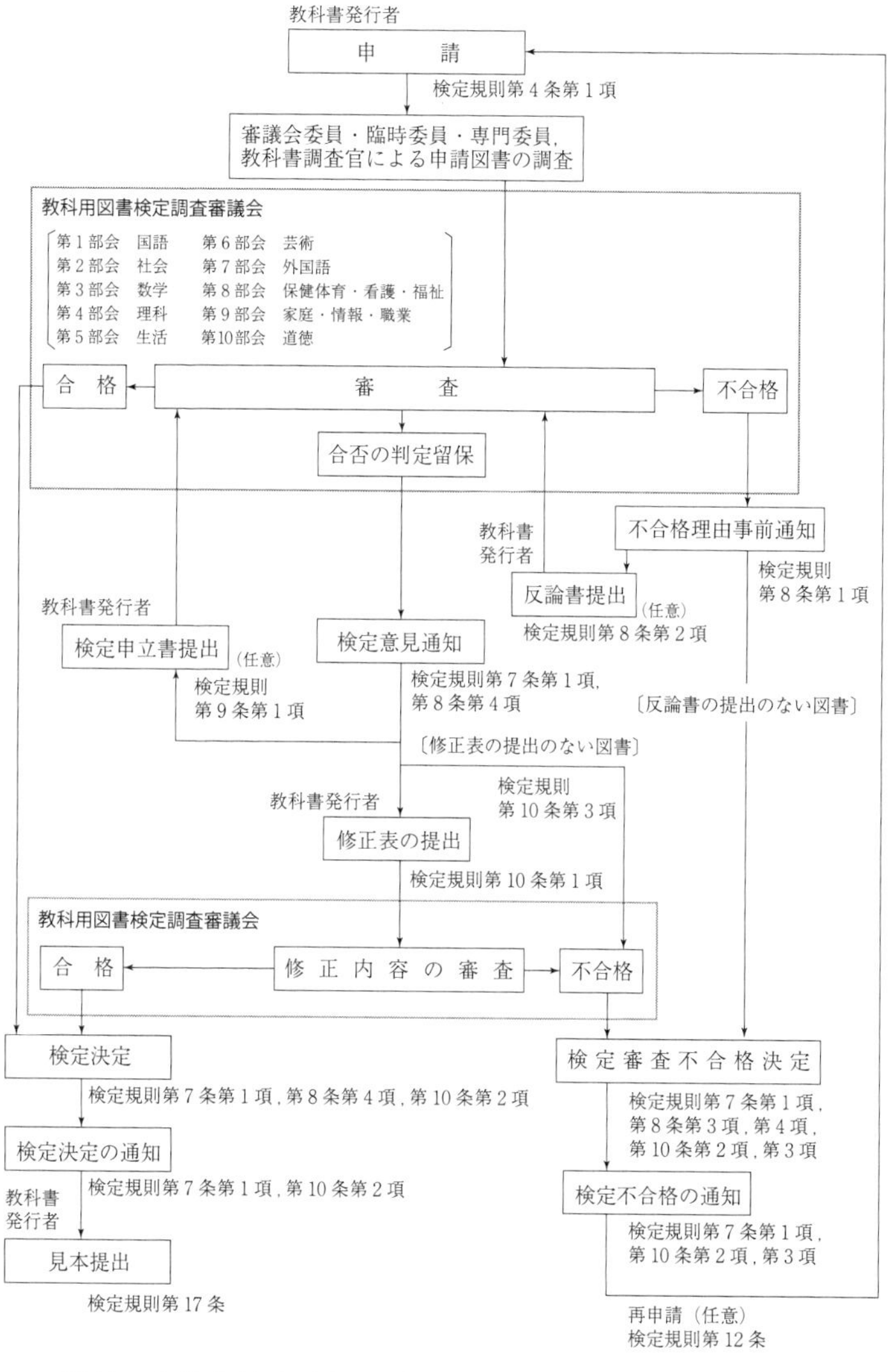

19　現行の教科書検定手続き（文部科学省『教科書制度の概要』2021年）

判定留保のいずれかの判定が行われる。審議会は十月から十一月にかけて数回開かれる。合格は、まったく検定意見が付かない場合のみであるから、実際には「合否の判定留保」という判定がほとんどである。不合格となるのは、教科書の基本的な構成に重大な欠陥があって適切性を欠く場合や、検定意見が所定の数を上回った場合である。

③「合否の判定留保」になると、申請者に対して検定意見通知が行われる。十一月下旬が一般的であるが、年によっては十二月に入ることもある。現在は文書（検定意見書）によって通知しており、通知時には申請者の希望に応じて、教科書調査官による口頭の補足説明が行われている。申請者はその検定意見を踏まえた修正表を検定意見通知の翌日から三十五日以内に提出する（その後、一定期間内は修正表を変更することができる。最初に提出された修正表を一次修正表、最終的な修正表を二次修正表と呼んでいる）。一次修正表の提出は、十二月末か一月初めになることが多い。その後、発行者と教科書調査官の間で調整が行われ、二次修正表が提出されることになる。なお、申請者は検定意見に不服があれば、通知の翌日から二十日以内に意見申立書を提出することができる。

修正表が提出されると、再度、教科用図書検定調査審議会が開かれ（二月もしくは三月初め）、その修正内容の審査が行われて、ここで合格・不合格の判定が出される。現行制度下の第二部会では、修正表を提出せずに不合格となった事例が三点（一申請者）あったが、審査を経てここで不合格になった例はない。年度末（過去には四月にずれ込むことが何度かあった）に開かれる検定調査審議会総会で最終的に決定されて、文部科学大臣に結果が答申されると、合格した図書は文部科学大臣によって検定決定され、申請者に検定決定の通知が行われることになる。

④合格の検定決定の通知を受けた者は、図書として完成した見本を作成して、文部科学大臣に提出する。

最初の審議会で不合格判定が出た場合は、不合格理由事前通知が行われ、通知の翌日から二十日以内に反論書の提出がなければ、検定審査不合格が決定され、それが通知される。中学校歴史教科書で不合格が出ることはかつてはなかったが、二十一世紀に入るころから歴史研究者以外の者が執筆した図書が申請されるようになると、平成二十（二〇〇八）年度以降、不合格が何度も出るようになった。義務教育用の場合、かつては申請者が年度内に再申請できたので、再申請が行われた場合は、上記の検定手続きを年度内に再度とることになっていた。しかし、これでは再申請本の検定手続きを三か月程度で行わなくてはならなくなり、見落としが発生する可能性も高くなるから、平成二十八（二〇一六）年二月の検定規則実施細則の改定で、重大な欠陥が見られる図書や欠陥箇所が著しく多い図書は年度内再申請ができなくなった。

以上の検定手続きは、平成元（一九八九）年の検定規則・検定基準の大幅な改定により、平成二（一九九〇）年度検定から採用されている制度である。検定意見通知の文書化は平成十二（二〇〇〇）年度検定から採用された。文書化以前は、発行者に対して検定意見書が交付される形ではなく、教科書調査官が手元にある意見書を見ながら、ページ・行、指摘事項を口頭で伝え、発行者側はその口頭伝達をメモしていくという方法が採られていた。

平成元年度までは検定が、新規検定と改訂検定とに分かれていた。新規検定は新たに編修された図書についての検定で、改訂検定は検定を経た図書の改善を図るために加えられた箇所について行う検定である。後者は全体の四分の一程度の改訂しか認められなかったので、四分の一改訂とも呼ばれた。

新規検定は、左図にある通り、原稿本審査と内閲本審査・見本本審査の三段階で行われていた。申請者が原稿本と呼ばれる白表紙本（三十部以内）を提出すると、審査開始に際して明白な誤記、誤植・脱字の確認が行われ、一定基準を超えると再提出が求められ、再提出が行われない場合には不合格となった。申請された原稿本は、教科書調査官による調査、調査員による調査が行われた後、審議会にかけられ、合否が決定された。合格の条件として修正意見が付されることを「条件付き合格」と呼んでいた。ここまでが原稿本審査である。条件付き合格の通知を受けた申請者は、原稿本に修正意見に従った修正を加えた内閲本（三部以内）を作成して提出した。修正意見に従った修正が行われて

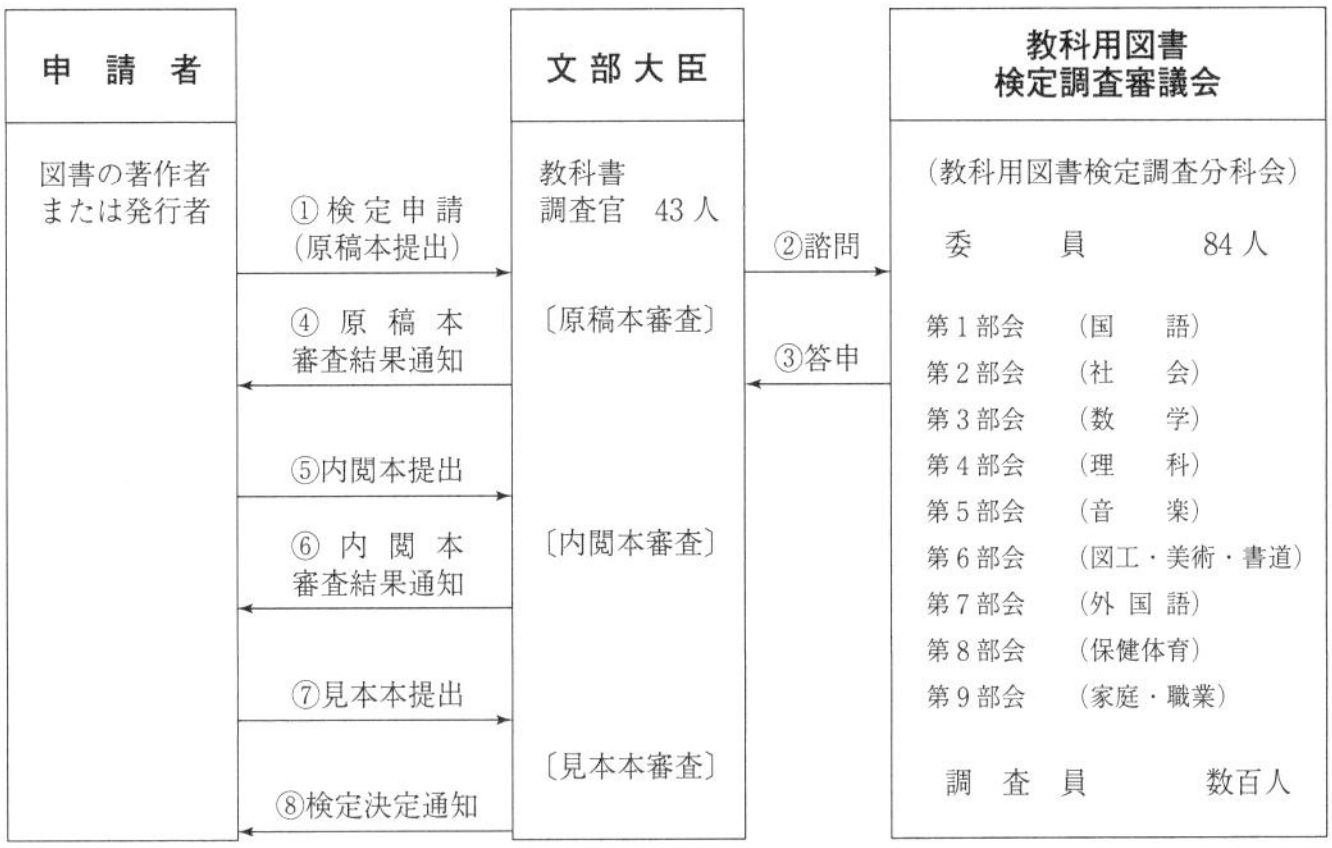

20　平成元年以前の教科書検定手続き（毎日新聞社編『教育を追う教科書検定』毎日新聞社，1982年）

いるかを文部大臣（実際には教科書調査官）が審査した。これが内閲本審査である。内閲本審査を通ると、申請者は図書として完成した見本本（十部以内）を作成して提出した。これを文部大臣（実際は教科書調査官）が審査して、検定決定が行われた。

原稿本審査に際しては、欠陥と判断される箇所で、現行本に訂正、削除または追加などの措置をしなければ教科書として不適切であると判断される場合に付けられる「修正意見」（通称「A意見」）と、修正意見ほどではないが、現行本に訂正、削除または追加などの措置をした方が教科書としてよりよくなると判断される場合に付けられる「改善意見」（通称「B意見」）の別があった。前者は必ず直さないといけないもの、後者は発行者の判断で直しても直さなくてもいいものという違いがある。

現在の制度は、申請図書（白表紙本）の審査と、検定意見通知後に修正が行われた申請図書の審査（修正表審査）の二段階があり、ともに審議会にかけられるが、旧制度のもとで審議会にかけられるのは原稿本審査のみであった。また、「修正意見」「改善意見」の二種類あった意見も、現在では「修正意見」同等の「検定意見」一つになっている。内閲本審査・見本本審査は実質的には教科書調査官に委ねられていたから、旧制度における教科書調査官の役割は、現制度以上に大きかったといえよう。

採　択　検定が行われた翌年度は、教科書としてどの図書を採用するかを教育委員会や学校長が決定する採択が行われる。義務教育諸学校で使用される教科書の採択方法は法律で決められており、発行者から次年度使用分として届け出のあった教科書を一覧表にまとめた教科書目録を文部科学大臣が作成し、教育委員会や各学校に送付している。発行者は採択の参考とするために見本本を教育委員会や各学校に送付することになっている。

都道府県教育委員会は教科用図書選定審議会を設置し、採択対象となる教科書について調査・研究して、採択権者に指導・助言・援助をする。採択権者は都道府県の選定資料を参考にするほか、独自に調査・研究した上で、一種目につき一種類の教科書を採択する。各市町村ごとに採択するほかに、複数の市町村をあわせた共同採択区を設定し、地区内の市町村教育委員会の協議によって同一の教科書を採択する地域もある。採択は使用年度の前年八月三十一日までに行うこととされている。通常は、四年間同一の教科書を採択することになる。

高等学校の教科書の採択については法令上の定めはないが、各学校の実態に即して、公立高等学校では所管の教育委員会が採択を行っている。

発　行　教科書が採択されると、必要となる教科書の見込み数が市町村教育委員会や各学校から都道府県教育委員会に報告され、さらに文部科学大臣に報告される。文部科学大臣（実際には教科書課）はそれを集計し、発行者に対して発行すべき教科書の種類と部数を指示する。指示を受けた発行者は、教科書を発行し、各学校に供給する義務を負うことになるが、発行者が直接日本中の各学校に供給するのは不可能なので、発行者は「教科書・一般書籍供給会社」などの業者と教科書供給契約を結んで、供給を行っている。

ただし、文部科学大臣が指示した部数のほかに、過不足を調整したり、児童・生徒の転入や災害などに備えるための一定数が教科書・一般書籍供給会社などに常備されている。最近では、教科書に対する国民の関心が高まっていることもあり、大都市を中心に教科書を常備する書店も増えてきた。教科書・一般書籍供給会社のホームページなどを通じて、一般の方々が入手できるような体制も整えられつつある。

無償給与　教科書には定価がある。令和七（二〇二五）年度使用の小学校六年生用社会科教科書は七七六円、中学校歴史教科書は八三六円、高等学校日本史教科書は歴史総合が七六八円、日本史探究が八九一円である。この定価は、種目別・学年別に文部科学省が最高額を定め、その範囲内で文部科学大臣が認可した。平成三十年度使用の小学校六年生用は二冊で七〇七円、中学校歴史教科書は七六二円、高等学校日本史Aは六六〇円、日本史Bは八三〇円であったから、諸物価高騰のなかでも七年で一割弱しか値上がりしていない。

教科書には定価があるものの、日本国憲法第二十六条が定める「義務教育は、これを無償とする」の精神を実現するものとして、「義務教育諸学校の教科用図書の無償に関する法律」「義務教育諸学校の教科用図書の無償措置に関する法律」が施行され、昭和四十四（一九六九）年度に小中学校全学年の無償給与が実現された。令和七年度では九一一万人分、四七一億円が税金でまかなわれている。平成十九（二〇〇七）年度から教科書の裏表紙等に「この教科書は、これからの日本を担う皆さんへの期待をこめ、税金によって無償で支給されています。大切に使いましょう」という無償給与制度の意義が掲載されるようになった。

現在、高等学校に関しては、教科書の無償給与制度はとられていないが、高等学校等における教育の経済的負担を軽減するために、一定の条件の下で授業料に充てるための就学支援金を支給する制度があり、さらに就学困難な高校生に対しては奨学給付金が支給されて教科書費用がまかなわれる場合もある。

教科書調査官制度　教科書検定が行われるようになった昭和二十四（一九四九）年から同三十一年までは、一点の図書に対して五名の非常勤調査員（教諭や大学教員）が調査にあたり、その調査書をもとに審議会が審議して合否を決定していた。調査員が本務の傍ら行っていたわけであるから、調査が不十分になりがちであった。その欠陥を補うために、昭和三十一年十月に新たに文部省の常勤職員として設置されたのが教科書調査官である。

文部省設置法施行規則には「教科書調査官は、上司の命を受け、検定申請のあった教科用図書及び通信教育用学習図書の調査に当る」と規定され、担当する教科の職務の連絡調整に当たる主任教科書調査官が置かれていた。現在の文部科学省組織規則では「教科書調査官は、命を受けて、検定申請のあった教科用図書の調査に当たる」とされ、「教科書調査官のうち文部科学大臣が指名する者十二人を、担当する教科を定めて主任教科書調査官とし、主任教科書調査官は、命を受けて、その担当する教科について、教科書調査官の職務の連絡調整に当たる」と規定されている。

教科書調査官は文部科学省に所属する常勤の国家公務員ではあるが、総合職や一般職の公務員試験に合格して入省しているわけではない。「担当教科について、大学の教授又は准教授の経歴がある者又はこれらに準ずる高度に専門的な学識及び経験を有すると認められる者」「現に発行されている教科用図書及びその教師用指導書の著作、編集に従事していない者、その他教科書の発行者と密接な関係のない者」などの選考基準で選ばれていた。

日本史の教科書調査官の顔ぶれを見ると、前職は大学の非常勤講師や研究機関の研究員だった者が多いが、大学の教授・助教授・助手から教科書調査官に就いた者もいる。その点では選考基準通りに選ばれていると言っていい。採用に際しては、照沼氏の回顧録にある通り、調査官・元調査官・審議会委員の推薦など、いわゆる縁故採用であったことは否めない。ただ、大学教員以上に職務の向き不向きがあり、バランス感覚や協調性が欠かせないから、試験の成績や業績審査だけ、あるいは数回の面接のみで採用するのは難しい。そのために、教科書調査官の仕事をわかっている方の推薦があった方が安心だと考えられていたのである。

令和三（二〇二一）年からは選考基準が、①担当教科について、大学における教育研究実績や教育委員会における指導実績等を通じ、高度に専門的な学識・経験を有すると認められる者、②視野が広く、人格が高潔である者、③初等中等教育に関し理解と識見を有しており、学習指導要領や教科用図書検定基準等の関係の法令に精通し、これらを適切に解釈・運用できると認められる者、④教科用図書検定調査審議会における調査意見の説明、検定の申請者に対する検定意見の説明等を適切に行うために必要な資質・能力を有すると認められる者、⑤現に発行されている教科用図書及びその教師用指導書の著作、編修に従事していない者、その他教科書の発行者と密接な関係のない者、と改定され、公募が実施されるようになった。

文部科学省のウェブサイトによると、令和六（二〇二四）年四月一日現在、国語科五名、地理歴史科十名、公民科六名（生活科を含む）、数学科三名、理科八名、保健体育科二名、芸術科三名、外国語科四名、家庭科二名、情報科二名、農業科一名、工業科二名、商業科二名、福祉科一名、道徳科三名の計五十四名が教科書調査官（七名の主任教科書調査官を含む）として在籍している。

なお、雑誌・新聞の記事等で「検定官」という語を目にすることが時々ある。この語が使われている際には、二つの場合が考えられる。一つは制度を理解していない者が教科書検定に携わっている役人という意味で使っている場合、もう一つは制度のことを理解した上で、審議会ではなく、「あいつらが実質的には検定をしているのだろ」という悪意を込めて使っている場合である。どちらにしろ、「検定官」の語が使われていたら、その叙述に客観性の担保はないとみて間違いない。

日本史教科書検定に関する参考書　最後に、教科書や教科書検定の制度について知るための情報を提供しておこう。最新の情報は文部科学省のウェブサイトに掲載されており、歴史教科書の過去の検定事例（検定意見書・修正表）などもアーカイブされている。

毎年、教科書課が『教科書制度の概要』という小冊子を発行している。昭和三十（一九五五）年の

『現行教科書制度の概要』以降のものが、文部科学省図書館や国立教育政策研究所教育図書館に何点か所蔵されているので、これを見比べると制度の変遷がわかる。また、一九八〇年代の制度については、毎日新聞社編『教育を追う　教科書検定』（毎日新聞社、一九八二年）、佐藤高明『教科書検定の現場から』（早稲田出版、一九八七年）が詳しい。検定制度の成立をめぐる問題などに初めて学術的な分析を加えた石田雅春『戦後日本の教科書問題』（吉川弘文館、二〇一九年）も意義深い。現役の教科書調査官だった高橋秀樹・村瀬信一と元調査官の三谷芳幸が執筆した『ここまで変わった日本史教科書』（吉川弘文館、二〇一六年）では検定の実情に随所で触れている。

一方で、日本史教科書や教科書検定に関する著作の大半は、文部省（文部科学省）や教科書調査官に「悪」のレッテルを貼り、家永三郎氏やその支援者である研究者や運動家を「善」とし、教科書検定を違憲とする家永二次訴訟東京地裁判決（杉本判決）を賛美するストーリーのもとで著されている。その活動の一翼を担った俵義文氏の遺著に『戦後教科書運動史』（平凡社新書、二〇二〇年）というタイトルがつけられているのは、これまでの教科書検定をめぐる議論が、「学問」「研究」以前に、結論ありきの「運動」そのものだったことを如実に物語っている。

また、平成二十八（二〇一六）年に刊行された『岩波講座日本歴史　第二二巻　歴史学の現在』（岩波書店）には、大串潤児「教科書訴訟・教科書問題と現代歴史学」が収録されているが、家永裁判と杉本判決を賛美する一方で、「歴史学の現在」を論じるはずなのに、平成十二（二〇〇〇）年の『新しい歴史教科書』（扶桑社）検定申請以降の右派の動きと、「新しい歴史教科書をつくる会」を批判する左派の運動にはまったく言及がない。家永裁判と杉本判決への賛美と、「つくる会」批判との間に論理的な整合性を見いだせず、書くことができなかったのであろう。

その「つくる会」による自由社本令和元（二〇一九）年度不合格以降の検定批判は、左翼勢力に牛耳られた「赤い官庁」の「不正検定」によって申請図書は狙い撃ちされ、教科書として抹殺されたという主張（藤岡信勝『教科書検定崩壊！』飛鳥新社、二〇二一年）で、これには開いた口が塞がらない。

出版物のみならず、ウェブ上やＳＮＳにも教科書検定に関する情報が氾濫している。悪意に満ちたデマ情報も少なくない。こうした情報に接する時には、一面的な見解を鵜呑みにしない情報リテラシーが必要である。

照沼康孝氏のこと

――その人と学問

村瀬信一

照沼康孝氏との出会いはちょうど半世紀前、昭和五十（一九七五）年四月のことである。駒場の二年間を五月病で無為に過ごした私は、他の学問よりはいくらか馴染みがあってとっつきがよいというだけの理由で文学部国史学科に進学し、面倒な史料が少なく（崩し字が読めないと史料の読解に支障を来すことを進学後に知り、パニックに陥ることになるのだが）、数字を相手にしなくてよさそうという安易な考えで近代政治史を選んだ怠惰な三年生として、伊藤隆《いとうたかし》ゼミの初回に出席していた。

緊張の中、冒頭に各自の自己紹介があり、そこで初めて照沼氏と対面している。眼力があり、少し恐そうな印象を抱いた。その場にいた四年生の中で大学院に進まれたのは照沼氏と山室建徳《やまむろけんとく》氏（のち東京大学社会科学研究所助手を経て帝京大学経済学部教授）だけであるが、両氏は確かに風貌といい雰囲気といい、他の方とは違う感じであった。駒場時代にゼミなるものは避けて通り、日本近代政治史にも不案内だった私にとって、二回目以降の毎回の報告は理解し難い内容のものばかりであったし、自分の担当した報告はといえば、レジュメ作成の要領さえわからないまま行った、たどたどしいとしか形容のしようがない不首尾なもので、今に至っても思い出したくないという体たらくであったが、照沼氏の報告は冷静かつ端然とした雰囲気の、内容的にも隙の無いものだったことが印象に残っている。

劣等生が抱いたその漠然とした印象は的外れではなく、照沼氏は翌昭和五十一（一九七六）年に修士課程に進まれ、軍事史を研究対象とされていくことになる。その選択は、お父上が陸軍士官学校を卒業された軍人であり、中国戦線での実戦経験もあったことと無関係ではないだろう。

卒論のテーマは満州事変の主謀者たる軍人石原莞爾《いしはらかんじ》の思想で、それは七年後『年報近代日本研究五　昭和期の社会運動』（一九八三年、山川出版社）収録の論文「東亜連盟協会」に結実している。修士課程進学後に取り組まれたのは、浜口《はまぐち》雄幸《おさち》民政党内閣における、宇垣《うがき》一成《かずしげ》・南次郎《みなみじろう》という二代の陸軍大臣の下で企図された軍制改革であった。満州事変勃発前夜ともいえる微妙な時期の陸軍内部の動向や政軍関係などと関連する、重要でありながら研究史上の空白であったテーマに挑まれたのである。その成果は、「宇垣陸相と軍制改革案」（『史学雑誌』第八九編一二号、一九八〇年）・「南陸相と軍制改革案」（原朗編『近代日本の経済と政治』一九八六年、山川出版社）の諸論文として発表されている。

手堅い実証による着実な論考であり、学部の伊藤ゼミでの照沼氏の報告の印象どおりであった。これらを通じて、実証的な軍事史研究の新しい旗手として頭角を現していったといってよいだろう。附言すると、両論文は事情があって今は利用がかなわなくなった「南次郎日記」を生かした成果としても、非常に意義深いものである。

このように順調に研究者への道を歩みつつあった照沼氏と私との交流がいつ、どのように始まったのかはよく憶えていない。ただ、冴えた報告もできず、他のゼミ生の報告に気の利いたコメントなり質問一つするでもない私を気遣ってくださった、最初の先輩が照沼氏であったのは間違いない。私の出身高校は筑波大附属高校であるが、照沼氏のご友人に同校出身の方が何人かおり、私がその方々とはかなり異なる印象を与えていた（どうやら、私がいかにも洗練されていない雰囲気だったということらしい）ことが気になったためであったようだ。照沼氏が私にかけてくださった最初の言葉が、「出身校にしては珍しいタイプですね」だったのは微かに記憶している。

一方、私の目に映った照沼氏は、自分とは二歳しか違わないにもかかわらず、情緒安定した常識人、成熟した大人そのものであったし（蛇足だが、私と違っていかにも育ちがよさそうだった）、その観察は間違っていなかった。声を荒らげたり、あからさまに不快な表情を浮かべたりする様はその後も見たことがなく、常に冷静沈着であった。他人の悪口をいうこともなかった。

それに加え、驚くほど博識であり、趣味が広かった。東京大学の鉄道研究会の中心メンバーとして活躍される一方、映画などにも造詣が深く、映画雑誌『キネマ旬報』の「読者の映画評」欄への投稿が採用されたことが何回もあると聞いた（照沼氏と同時期に同欄の常連であったのが、のちにいわゆる「ゆとり教育」の推進者のひとりとなる「ミスター文部省」寺脇研《てらわきけん》氏であったという）。

しかし、その種の人物にありがちな、衒学的であったり軽薄であったりということがなかったし、研究者の道を歩み始めてからも、浮世離れしていたり、世事に疎すぎたりといった、いかにも学者らしい傾向とは全く無縁であった。それは、開成中学・開成高校から東京大学という経歴に相応しく思えたし、伊藤門下の中では少々異質な印象を与える一因であるように感じた。

そのような個性を発揮したであろう新たな活躍の場を、照沼氏は修士課程二年目の昭和五十二（一九七七）年に得る。東京大学百年史編集室の非常勤の室員となったのである。それより十年前に浮上しながら、大学紛争その他で始動が遅れていた百年史編集計画がようやく滑り出し、師である伊藤隆氏がその史料収集担当になったのにともなうものであった。

『東京大学百年史』は昭和五十九（一九八四）年から同六十二年までに通史三巻、部局史四巻、資料三巻の計十巻が刊行されて完結したが、照沼氏はその中心的な役割を担っただけでなく、教育史の分野にも研究の手を広げている。他の室員と共同で長与又郎《ながよまたお》（病理学者。東京帝国大学医学部長・伝染病研究所長を経て東京帝国大学総長）の日記を紹介し（『東京大学史紀要』四～一〇）、それをもとにした論考も発表している（「東京帝大経済学部問題と長与又郎―長与又郎日記を中心に―」『東京大学史紀要』八、一九九〇年）。

なお、東京大学文書館のデジタルアーカイブでは「照沼康孝寄贈資料」の存在が確認できる。百年史の完結を受けて百年史編集室は解体されたが、それにともない、照沼氏の手元に残った分を寄贈したものと思われる。百年史編集室の会議要旨など編集過程を示す史料に加え、東大裁判闘争公判調書やビラなど東大紛争関連資料が含まれた興味深い史料群である。私は大学院時代に照沼氏から、百年史は勉強になるんだ、と聞かされたことがあったが、百年史編集室の室員として照沼氏が残された足跡は、仕事に取り組む真摯な姿勢を如実に反映したものといえる。

ちなみに、照沼氏は文部科学省を退職後、百年史編纂当時の経験を買われ、平成三十（二〇一八）年十月から特任研究員として、東京大学百五十年史編纂事業に協力されている。その点について、やはり特任研究員である石坂桜《いしざかさくら》氏が「二〇一八年一〇月には百年史編集室で大学院生ながら重要な役割を果たしていた照沼康孝氏を特任研究員として招き、百年史編集室収集史料の再検討と若手への助言をいただくこととなった」（『東京大学百五十年史』編纂事業におけるオーラルヒストリー」『一五〇年史編纂室通信』第一号、二〇二四年一月二十日）と書いている。私も照沼氏から何度か東大百五十年史関係の話題をお聞きしたが、百年史編纂当時と比較すると必ずしも予算と人員の手当が充分でないことなどを指摘しつつも、若い室員との触れ合いなどが良い気分転換になっている様子がうかがえたし、何より、往時を思い出すよすがとされているようで、微笑ましい印象を受けたものである。

おそらくはこうした精励ぶりが評価されたのだろう、東京大学百年史編纂委員会の委員長を務められた東京大学教育学部教授の寺崎昌男《てらさきまさお》氏から、ある教育史関係のポストのオファーを受けたことを、照沼氏から聞かされたことがある。私が教科書調査官に就任して照沼氏と同僚になってからしばらく経った時であった。オファーを受けて、照沼氏は師である伊藤隆氏に相談したが、その答えは、本来の専門である軍事史の研究者としてやっていきたいのなら勧めない、であったという。

伊藤氏の回答が間違っていたとは思わない。常識的には、伊藤氏の立場であれば誰もがそう答えるところなのかもしれない。しかし、仮に受諾していたらどうであったか。確かに、照沼康孝という研究者は何が専門なのかわからないではないか、という否定的評価を下される危険性はある。しかし、そのようなポストに就いたことで研究者としての新境地が開けたかもしれないし、照沼氏であれば、教育史もできる軍事史研究者、あるいは日本で最も軍事史に詳しい教育史研究者という、異色の存在になっていたかもしれない。そのような可能性を感じさせる何ものかを、照沼氏は備えていたように思う。

実際に照沼氏がオファーを受諾することになったポストが、文部省初等中等教育局教科書調査官である。回顧録の中でも触れられているが、大学院で近現代史を専攻した研究者が教科書調査官に就任した初めてのケースで、新設ポストといえるものであった。昭和五十八（一九八三）年秋のことで、私はその情報を同門の季武嘉也《すえたけよしや》氏（当時は博士課程三年に在学中。のち創価大学教授）から聞かされ、かなり驚いたのを記憶している。

照沼氏の同門の先輩たちの就職といえば、福地惇《ふくちあつし》氏が高知大学、有馬学《ありまままなぶ》氏が九州大学、板垣哲夫《いたがきてつお》氏が山形大学と、地方の国立大学というケースが続いた。それ以後は、三谷博《みたにひろし》氏が学習院女子短大（のちの学習院女子大）、佐々木隆《ささきたかし》氏が東京大学新聞研究所（のち社会情報研究所に改組）と、やや性格の異なるポストを得たが、私は、特に根拠があったわけではないとはいえ、照沼氏は福地氏らのような就職をされるものという予感を抱いていたのである。照沼氏にとっても予想外だったのだろう。受けるべきか、受けざるべきか、大いに悩まれたことは回顧録からもうかがえる。

照沼氏が昭和六十（一九八五）年に夫人と結婚された際の披露宴で、坂野潤治《ばんのじゅんじ》氏（東京大学社会科学研究所教授）が祝辞の中で、調査官就任にあたり照沼氏から相談を受けた時のエピソードを紹介されたが、坂野氏の他にもいろいろな方に相談していたことを今回の回顧録で初めて知った。回顧録のその部分で特に興味深いのは、相談に応じた方々のご意見の最大公約数が、一つの経験としてやってみたら、という趣旨だったことで、私にはそれが、照沼氏が教科書調査官でいる期間は多分そう長くならないだろう、という見通しを前提にしてのものであるように感ぜられた。

実際、この調査官就任の話が持ち上がった前後といえば、照沼氏の研究歴の中でも充実期といえる時期にあたっていた。既出分以外を列挙するならば、「国民義勇隊に関する一考察」(『年報近代日本研究 一 昭和期の軍部』一九七九年、山川出版社)、「鈴木荘六参謀総長後任を繞って―宇垣一成と上原勇作―」(『日本歴史』四二二号、一九八三年)、「憲兵と特高の時代」(『昭和史の軍部と政治 四 第二次大戦と軍部独裁』一九八三年、第一法規)などを発表されている。このような状況を見ていれば、相談を受けた方々が、それも一つの経験だろう、とお答えになったのは、充分に頷ける反応である。

教科書調査官就任後も、照沼氏は堅実に業績を積み上げている。「昭和十年代の宇垣系軍人」(有馬学・三谷博編『近代日本の政治構造』一九九三年、吉川弘文館)、「挙国一致内閣期の民政党の外交政策」(『年報近代日本研究 一七 政府と民間』一九九五年、山川出版社)などがそれに当たる。特に後者は、新しい領域に踏み出そうという意欲を感じさせるものである。調査官就任以前に比較すればペースは落ちたといえるかもしれないが、どんな研究者でもポストを得た直後にはそうなるし、私自身にも憶えのあることである。ましてや、教科書検定の現場というのは大学その他研究機関とはやはり異質で、適応力と問題解決能力に優れた照沼氏をもってしても、慣れるまでには相応の努力を要したのだろう。それは回顧録からも読みとれるし、照沼氏就任の前年に刊行された毎日新聞社編・刊『教育を追う教科書検定』（『毎日新聞』に連載されたルポルタージュを単行本化したもの）などを併せ読めば、当時の教科書検定の現場の難しさはさらによく理解できるであろう。

ただ、やがて世紀が改まり、教科書検定が歴史教科書をめぐる言説状況の展開と無関係ではいられなくなると、照沼氏も研究に向ける時間とエネルギーの捻出に多大な苦労を強いられるようになる。当時は同僚となっていた私の目にも、そうした光景は痛々しく映った。その頃、日本史教科書検定の現場で起こっていた諸々については、まだ書けないことも相当あり、たとえ書けるものであっても、このような場で明らかにするのは穏当ではなかろう。少なくとも、現時点では照沼氏の回顧録が最も雄弁な記録である。

照沼氏は、学位を取得されていないし、単著も出されていない。しかし、その業績は決して貧しいものではなく、むしろ実り豊かで着実な足跡を残されているといえるだろう。堅実な学風のためか印象こそ地味かもしれないが、浜口内閣下の軍制改革問題といい、国民義勇隊（本土決戦に備えて昭和二十年三月に創設された郷土防衛組織）といい、先行研究の乏しい主題に初めて本格的な分析を加えた先駆的業績であり、同じか、あるいは近接した分野を対象とする後進の研究者なら必ず参照しなければならない、重要な位置を占める研究である。

一方、歴史研究者としての照沼氏を語る場合、史料集の整理・編纂の方面での貢献を見逃すわけにはいかない。師である伊藤隆氏が発掘した史料が膨大な量にのぼることには改めて触れるまでもないが、照沼氏は院生時代からその活動に深くかかわっている。

最初に参加した編纂作業は、照沼氏の専門とはいささか離れている明治期の史料であるが、『伊藤《いとう》博文《ひろぶみ》関係文書』（全九巻、塙書房）である。昭和五十二年刊行の第五巻から同五十六年の九巻まで、編者の一人として名を連ねている。明治の元勲伊藤博文のもとに残された多数の来簡に年代推定を施し、発信人別に分類して時系列にそって配列するという、根気のいる作業に従事されたのである。しかし、やはり何といっても大きな比重を占めるのは昭和期に活躍した軍人の日記史料であろう。

教科書調査官就任と同じ年に刊行されたのが『続・現代史資料 四 陸軍 畑俊六《はたしゅんろく》日誌』（一九八三年、みすず書房）である。阿部信行《あべのぶゆき》・米内光政《よないみつまさ》両内閣で陸軍大臣を務め、陸軍内の派閥抗争とは縁の薄かったという陸軍軍人の貴重な日記である。これは、師の伊藤隆氏と照沼氏のみによる共編であり、照沼氏以外でそのようにほとんどパートナーといってよい立場で史料編纂に関わった門下生は、あまりいないはずである。

ただ、より規模の大きな仕事は、昭和十年代に陸軍内の派閥抗争や事変などの当事者となった軍人たちの日記ということになるだろう。まず『近代日本史料選書六—一 本庄繁《ほんじょうしげる》日記 大正十四年一月～昭和四年十二月』（一九八二年、山川出版社。伊藤隆・柴崎力栄・季武嘉也・山室建徳の諸氏との共編）である。本庄は満州事変勃発時の関東軍司令官、二・二六事件当時の侍従武官長という、ドラマチックな場面に遭遇した人物として知られており、二・二六事件に際しての昭和天皇の、叛乱部隊の暴挙に対する怒りや、自ら鎮圧にあたる意志を示した言葉が伝わっているのは本庄が残した手記のおかげなのだが、その手記の元となったであろう、リアルタイムで作成されていたオリジナルの日記は、それまで公表されることがなかった。それを世に出した点で本日記は大きな意義を持つものである。

照沼氏は編纂の一翼を担うとともに、本日記が『史学雑誌』の「新刊紹介」（第九二編三号、一九八三年）で取り上げられた際、執筆者の竹山護夫《たけやまもりお》氏（当時山梨大学教育学部助教授）が「解題として附されている照沼康孝氏による稿が周到を極めたものであり、読者に不可欠な予備知識を与えてくれると同時に、この日記を読みこなすにはどのような周辺史料に目を配ったらよいのかをよく示唆してくれる」と激賞した解題を執筆している。付け加えると、それから三十五年後、日本近現代政治史関係の日記史料の包括的解説書である黒沢文貴・季武嘉也編『日記で読む近現代日本政治史』（二〇一七年、ミネルヴァ書房）に、照沼氏は「『本庄繁日記』―満州事変と二・二六事件の渦中で―」を執筆している。

さて、次は真打ちというべき『真崎甚三郎《まさきじんざぶろう》日記』ということになる。昭和戦前期における陸軍内部の派閥抗争の中で、いわゆる皇道派の巨頭であった真崎の日記は、陸軍内派閥対立だけでなく、真崎が近衛文麿《このえふみまろ》や吉田茂《よしだしげる》と提携して反東条英機《とうじょうひでき》運動を展開していったことから、戦中期政治史を解明する上でも貴重な史料であるが、この真崎日記は山川出版社から『真崎甚三郎日記』全六巻（『近代日本史料選書』一―一～六、一九八一～八七年）として刊行されることになる。

照沼氏は伊藤隆・佐々木隆・季武嘉也の諸氏と編纂作業にあたるとともに、第六巻では『本庄繁日記』と同様、解題を執筆している。その延長線上とでもいうべきか、吉川弘文館の人物叢書『真崎甚三郎』の著者となることも決まっていた。以上のような昭和期の軍人関係の日記は、研究者としての充実期に手がけた史料編纂として、おそらく照沼氏にとって最も印象に残るものではないかと思われる。なお、九〇年代には『佐藤栄作《さとうえいさく》日記』全六巻（一九九八～九九年、朝日新聞社）の編纂に関わっていたことも付記しておこう。

私個人の体験でいえば、照沼氏と史料という関連で印象に強く残っているのは、文部科学省の庁舎の建て替えにともない、貴重な古い行政文書が失われてしまうことを危惧され、そうならないよう奔走されていた姿である。また、三十五年の長きにわたる調査官生活の中で、検定作業遂行の過程でご自身が作成したメモの類――照沼氏はそれを仮に「照沼文書」と呼んでいたが――を引き取り、保存してくれる機関を、退職後に懸命に探しておられたことも存じ上げている。

それらを通じて、また既出の「照沼康孝寄贈資料」とも併せて、照沼氏が、あくなき一次史料への情熱と徹底した歴史内在的解釈でもって日本近現代政治史研究に「革新」をもたらした研究者伊藤隆氏の、よきＤＮＡの正当な継承者であることを改めて確信した。照沼氏の人と学問を語るこの拙文の最後に、そのことは声を大にして強調しておきたい。同時に、優れた研究者であり、また教科書検定という、歴史学と社会との接点というべき特異かつ重要な場で苦闘された照沼氏の人生の重みを、今回の回顧録を通じて多くの読者の方々が受けとめてくださることを祈ってやまない。

私が体験した教科書検定

——照沼氏の回顧録に寄せて

多難の昭和末期

森　茂暁

私が五年間勤めた教科書調査の仕事を辞めて京都産業大に転じたのは昭和六十（一九八五）年四月であったから、令和七（二〇二五）年の今日からみるとちょうど四十年前のこととなる。東西の冷戦が終結して新たな問題が生起するなど、この間に世界の政治情況は大きく様がわりした。日本の政治・社会の情勢もその例外ではない。私が文部省にいたのはこの変動の真只中にあたっていた。いま思うと、日本の教科書もその世界的な激動の渦に巻き込まれたのではないかという思いを強くする。大手新聞はのきなみ左傾しており、それらが口先あわせて教科書検定を批判した。こうなるとマスコミの威力は甚大である。

昭和末期の日本の社会では教科書をめぐる保守派と革新派との思想的な確執が先鋭化したもようで、岩波書店『日本近代史年表』には昭和五十六（一九八一）年六月五日、「自民党文教部会・文教制度調査会合同会議、教科書検定の強化、広域採択制、教科書法の制定など教科書制度改革案をまとめる」などの記事がある一方、これに強く反対する勢力の動きがうかがわれる。またこのころマスコミでは毎日新聞が「教育を追う　教科書検定」のキャンペーンをはり、「調査官群像」などと銘打ってなにか政治問題化できるような話のネタを探していた。そこで、この五年間に私が体験したことがらの中で特に記憶に残ることを二、三記してみたい。

一つめは、入省後の教科書をとりまく政治的状況である。私は毎日新聞昭和五十七（一九八二）年二月二十一日号で「一番の若手は三二歳」という見だしでスポットライトをあてられた（一連の記事は同年八月『教育を追う　教科書検定』という題で毎日新聞社から刊行）。こういう状況が私の入省直後の教科書検定をめぐる空気であったが、かの教科書の進出・侵略表記をめぐる中国・韓国との外交問題がまもなく発生するとは予想だにしなかった。その外交問題は昭和五十七年七月に表面化した。いわゆる進出・侵略問題である。

その顚末はすでに佐藤高明『教科書検定の現場から』（早稲田出版、一九八七年）や時野《ときの》谷滋《やしげる》『家永教科書裁判と南京事件』（日本教文社、一九八九年）などという当事者が著した書物に明確に書かれているように、マスコミの誤報に起因するものだった。まさに「万犬、虚に吠える」の言葉どおりの誤報に起因したとはいえ、この事件は大きな外交問題へと拡大発展し、以降の教科書記述のみならず生徒の対外観に濃い影を落とすことになる。誤報なら誤報ときちんと訂正した上で関係者はしかるべき責任を問われてしかるべきであったが、それがきっちりと果たされたかは不明である。この問題の根っこには、戦後の日本が抱える「内憂と外患」があると私は思う。ちなみにこの事件は性格は異なるけれども、もともと小さな教育上の問題に当時の特殊な社会的問題が絡んだ結果、大きな政治問題へと発展した明治四十四（一九一一）年のいわゆる「南北朝正閏論争」と構造的に似ていると思えてならない。

二つめは、教科書会社の検定に対する態度である。主査として検定を行う調査官は教科書の原稿を読んで審議会に提出する調査意見書案を作成し、審議会の承認を得たうえで個々の原稿の問題箇所を出版社に伝達するという方式をとっていたが、高校日本史の大手Y社は書面で「拒否します」という挑戦的な表現で返答することもあった。世間では調査官は教科書内容を自由に書き換えさせる権力をもっているとうわさされたが、実際検定に関わってみて、それが全くのウソであることはすぐわかった。

またこういうこともあった。初等教育の場ではイデオロギーが絡む教材は避けるべきである。昭和五十六年十月、G社が小学校社会六年教科書の部分改訂という名目で、巻頭口絵の見開き二ページにカラー版のかの著名な「原爆の図」を入れたいと申請してきた。改訂の理由は「体裁の一新と学習の理解を深めるため」とある。この絵についてはこの扱いでは検定基準にある情緒的な観点に照らして検定意見が付くのが常例であったから、G社は明らかな意図のもとに申請してきたのである。私は主査としてこの改訂申請に対しては審議会の議を踏まえて通例の対応をとったが、こうした出版社の意図的な行為にこころを痛めたことが度々あった。そもそも教科書の作成は、児童・生徒が喜んで学習してくれることが最大の条件で、企業論理やイデオロギーが優先してはならない。政治的な主義・主張を教科書にもちこもうとする意図があるとすればもってのほかである。この種のやりとりに対してすぐにマスコミは言論の弾圧と称して大々的に非難した。調査官は国家権力によって言論を弾圧する官憲の手先として世間に喧伝されることになる。

三つめは、右の二つめと関連するが、日本史担当の調査官は、学界では色メガネで見られたということである。簡単にいうと、大学へ転出しようとしたとき、調査官という経歴がネックとなったのである。もう四十年も経ち時効だと思われるのでそのことにちょっとふれておこう。

当時まだかつての激烈な大学紛争の余韻もあり、そういう中で日本史調査官経験者の国立大学への転出は難しかった。私は京都産業大学にいた昭和六十二(一九八七)~三年ころ母校九州大学教養部の日本史担当教官の採用人事で、採用しようとする当該学科の責任教授の懸命の努力にもかかわらず、西洋史・東洋史・地理を担当する当該学科以外の左翼的選考委員たちの執拗な反対によって採用を阻止された経験がある。日本史の調査官経験者は皇国史観の持ち主だから採用に反対するという理屈である。さらに、詳しくは述べないが、別の採用人事案件で、こういう考え方が九州の南端鹿児島県立の某短期大学にまで浸透していたのには恐れ入った。私は皇国史観の持ち主ではないし、そうした方面とのつながりもない史料実証を主義とする一介の研究者にすぎない。このころ日本中のほとんどの大学に同様の日本史調査官を忌避する空気が蔓延していたのには閉口した。

総じていうと、教科書調査官の役割はまさに裏方に徹した縁の下の力持ちである。定説・通説を踏まえる教科書の内容は面白くない。面白くないのは、学校教育の教材としての教科書に、当該研究の最先端を書き込むわけにはゆかないからである。最先端はすぐ覆ることがある。やはりその新説が通説・定説として安定するまで待たねばならない。調査官はそこのところをうまく調整するのである。よって、調査官が品質調査と交通整理をしないと日本全国どこでも使える一定水準以上の教科書は作れない。そういう意味で、縁の下の力持ちなのである。

教科書の原稿を調査するためには、調査官は研究者でなくてはならない。ことあるごとに「研究なくして検定なし」と、私たち調査官に自己の研究も進めるように激励しておられた当時の主任調査官時野谷滋先生の言葉が思い出される。時野谷先生は平成十八（二〇〇六）年五月三日に八十二歳で亡くなられたので、もう十九年が経つ。あの茨城弁と温顔がとてもなつかしい。なお時野谷先生とのかかわりについては、『藝林』第五十六巻第一号（平成十九年四月）にのせた追悼文「時野谷滋先生の思い出」で述べたところがある。

ということで、私にとって三十代前半にあたる昭和末期五年間の文部省時代が、多難ではあったけれども研究の利便もあったし、種々の意味でその後の私の研究生活の基盤となっていることをつくづく思うこのごろである。

（福岡大学名誉教授）

調査官照沼康孝の登場

関　幸彦

想い出すままに　四十年ほどが過ぎたことになる。「照沼康孝」を語るよい時間かもしれない。照沼は、人生の第二ステージに生きる現役だ。私と同じく七十二歳だ。〝戦友〟である。世間様で死語となっていることを承知でいえば、我々が調査官だった時期は、マスコミを介しての風評との戦いだったからである。長期に及んだ教科書裁判（検定訴訟いわゆる「家永裁判」）も結審に近づきつつあった。そんな時代だった。

当方の調査官就任は三十二歳。同世代だが、照沼は前年度の採用であった。日本史分野でいえば、主任調査官の時野谷《ときのや》滋《しげる》以下数名がいた。ちなみに先輩調査官として、知られた方々も多い。日本史に限っても村尾《むらお》次郎《じろう》・時野谷滋をはじめ、例えば貫《ぬき》達人《たつと》・中田《なかた》易直《やすなお》・目崎《めざき》徳衛《とくえ》・所《ところ》功《いさお》・森《もり》茂暁《しげあき》といった面々だ。少なからずが研究所なり高専・大学でのキャリアの持主だ。けれども近代史の調査官はいなかった。一九八〇年代の検定業務に望まれたのは、近・現代史分野の研究者の充実だった。その点では照沼は東大百年史編纂のキャリアを有し、期待された人事だった。

歴史学界にあって、文部省に身を置くのは、それなりの覚悟を要した。検定制度の在り方に諸種の議論があった当時、教科書関係の職に就くというだけで、ムードとして白眼視された。

昭和二十七（一九五二）年生まれの我々は、まさに戦争を知らない世代だった。保守の論客、伊《い》藤《とう》隆《たかし》の門下たる照沼の存在は、自身の心情を超えて、検定というシステムが求めた人材だったはずだ。入省した一九八〇年代半ばは、日本史関係に限定すれば人事の大幅刷新がなされた。時野谷・嵐義人《あらしよしんど》という古代を専門とする二人を別にすると、中世の関、近世の寺田登《てらだのぼる》、そして近代の照沼の三者はほぼ同年齢に属した。

いずれもが、大学時代に学生運動を経験しつつも、そこからは無縁だった。小説「されどわれらが日々」の余熱はあったにしても、〝信念〟に一抹の怪しさを感じとっていた世代、ということになる。

時野谷が言った。局長以下が語るところでは、「昨今の調査官人事は随分と若い方々が多いけれど、重鎮ぞろいの教科書執筆陣に伍して意見通知ができるのか？　不安だ」と。行政レベルで教科書裁判を支えてきた方々からすれば、そうした考えもあったはずだ。だが、時野谷はそこで返答した、「大丈夫だ」と。「これからの検定には、脱皮が必要なのだ」と。是是非非の対応のために「研究なくして検定なし」の立場を伝えたという。検定意見も見識に従うことが要請される。「だから白紙に近い研究者を望んだのだ」と。もちろんこれは時野谷自身のオブラート発言もあるかと思う。が、長年の検定を支えた重鎮の発言としては、興味をそそられる。

「阿衡」の人　近・現代史の専門官の嘱望《しょくぼう》、そんな要請のなかで照沼は登場した。気負いのない然《さ》り気《げ》なさも悪くなかった。心中はわからないが泰然としていた。照沼は調査官室でも午前中、数紙の新聞に目を通し、自若たる雰囲気をかもしていた。余談ついでにいえば、私の右隣が照沼の席だ。周囲はスチール製の書棚が並ぶ研究所の雰囲気だった。事務方職員とは別室だった。部屋はグレーの絨毯が敷きつめられ、フェルトの深く身体が沈む椅子（いずれも本省課長相当の装備だという）、重々しい両袖机も用意されていた。仕事向きではないその机や椅子の気分は、決して不愉快ではなかった。官僚の一画に身を置いた自己を自覚した。併せて検定業務が担うべき責任も感じた。

話を照沼の気質に戻せば、他者が見たら「阿衡《あこう》」の人のような気がした。ご存知かもしれないが「衡」とはバランス力とでもいい得る意味で、偏った見方をしないタイプだ。安定・安全・安心の標語があるが、突出した意見を吐かない、思慮の人だった。別段、おもねるつもりはないが、検定という仕事には適材・適所と思う。時勢を推測する見識もあって、事務方からも「照沼詣」（意見の相談・打診）も、しばしばだったと記憶する。

検定システムの転機　そうした個人的想い出に属することは、この程度にして、照沼と共有した時代は、検定システムの一つの転機だった。一言で表現すれば、〝シンプルな検定への移行〟とでも表現できそうな流れが、登場したことだ。これは日本史のみでなく、検定システムでの制度的改革が背景にあった。時野谷は、調査官の若返りに合わせるかのように退官した。その時野谷の語りの中に〝人を得られなくなった現実〟も伝えられていた。「人」とは人材であろう。腰を落ちつけ検定業務に従事することに意欲的な人材のことだ。だが、所詮は難しい。大学教員相当職を標榜しつつも、であった。その点では教科書裁判での権力の体現者としてイメージが濃厚だからで、自由に慣れた〝大学人〟を求めることが難しいのも仕方ないことだった。

「天地人」でいえば、「人」の問題が若手調査官登場をうながした事情だった。そして「地の利」云々にかこつければ、文部省内部での検定制への風当たりも強かった。そのために柔軟で簡素な検定意見への模索がなされた。それまでの「修正意見」（A意見）と「改善意見」（B意見）の二本立てから「検定意見」の一本化がなされた。このあたりの制度的変更は、本書の照沼自身の回顧録にも詳しく述べられているはずだ。

ちなみに従前の検定意見通知（審議会の議を経ての教科書執筆者たちへの意見通知のこと。俗に「条件指示」といわれる）にあっては、調査官からの提示された意見は、「改善意見」であってもムードとして、「修正」と解されかねない誤解を与えていた。瑣末《さまつ》で余計な意見も、強権発動として映じ、それが教科書執筆者との軋轢《あつれき》を生じさせた。検定の「簡素」化とは、微細にわたる検定意見を最低限必要なものに限定するとの方向だった。その結果、通説とされた学説を前提に、教科書執筆者の裁量権は拡大された。平成段階でのこの検定システムへの変更で、繁雑なイメージが弱まったことは、間違いなく、慶賀すべき状況が生まれたともいえる。もちろん、このシステムの変更も難クセを付ければ、賛否はあるはずだ。とはいえ検定システムの転機となったことは疑いない。

時代の流れ　さらに「天ノ時」でいえば、一九八〇年後半から一九九〇年代にかけては、他方で政界も流動的で国際協調が高唱された。そうした中で、後には首相となった、宮澤喜一《みやざわきいち》による官房長官談話を受けての「近隣諸国条項」が加味されるようになった。つまりは歴史教科書での近現代史の叙述に際し、アジア諸国（中国・韓国）への戦争惨禍への理解が求められた。

この条項を検定意見に反映させることも求められるにおよび、大きな変化が教科書の記述に要請された。そうした「天ノ時」は〝両刃《もろは》〟に作用するものだったが、それをバランス良く意見に汲み入れるかが調査官にも求められた。照沼は、まさに近現代史という最も問題多い叙述の責任を負わされた。「天ノ時」云々で想い出されるのは、『新編日本史』の出現だった。調査官は等しく専門にかかわらず検定に責任を有する。原則はそうだった。が、私も含め『新編日本史』は、〝騒動〟の名に値するほどに我々を直撃した。新聞記者が自宅まで押しよせて、街宣車《がいせんしや》で唄《が》なる日々だった。

革新的叙述が少なくなかった従来の歴史教科書に対し、〝偏向教科書〟の是正を掲げた保守系の研究者たちによる『新編日本史』の出現は、新しい局面の転換ともなった。『新編日本史』の叙述の方向性の是非が会議で幾度となく論議された。照沼を含め、当方四十歳代のころだ。この『新編日本史』に際しても、史実性に基づいて対応した。〝観念〟なり〝信念〟が先行する人々にどのように対峙するのか。我々が、検定という〝負の作業〟を通じて学んだものは、ヴァイアスの排除だった。史実としてそこから汲み上げる内容について、あたかもその解釈が史料自体に内在する論理のように、錯覚してしまう。そのことへの警戒だった。保守・革新を問わず、立場を優先する考え方だった。

〝あらまほしき〟調査官像

照沼個人の来歴に合わせつつ、同じ時期を十数年間過ごした同僚として、〝戦友〟だったあの頃を、想い出すままに語ってきた。当方はその後、四十代半ばに大学に転出した。伴走者の、照沼に支えられ、十四年間を過ごした。居心地は悪くなかった。その歳月は自己の研究を拓くうえで大いに役立った。

照沼個人についていえば、調査官としての期待値が高く、個人としての研究業績を発表できる余力がなかったのかもしれない。「天地人」の状況が、教科書調査官につなぎ止めるように作用させたのだろうか。近代の軍事制度を専門とする照沼は、『史学雑誌』以下に数編の代表的論文はあるものの、著作云々については恬淡とした様子で、さほどの拘《こだわ》りを持っていなかった。真崎甚三郎《まさきじんざぶろう》の研究を含め、昭和期の軍制や政治史に深い洞察を持っていた。お父上が軍人であったと側聞しており、あるいはそうした影響もあったのかもしれない。泰然として、大学研究者への道に足掻《あが》くことをせず、後輩の調査官たちへも範を示すことを心掛けていた。

「それは、関さん、盛り過ぎだよ」と叙述の修正という〝意見〟を指摘されそうだが。自分にとっても照沼は〝あらまほしき〟調査官であることに変わりはない。近況で体調が優れないことは、ご当人から連絡を受けている。我々は虎ノ門でほどよく飲んだ。そして、スキーもテニスもほどよく楽しんだ。そしてテニスについては、勝てずに現在に至っている。そこでも同僚ながら文武の〝あらまほしき〟均衡の人である。

（元日本大学教授）

照沼先輩と私の世紀末職務覚書

長井純市

文部省（在職当時の名称）初等中等教育局の先輩教科書調査官（以下、調査官）であった照沼康孝氏の回顧録発刊に、心より祝意と敬意を表します。また、今回同書に拙文収載の栄誉を賜り、深く感謝申し上げます。

私は、平成五（一九九三）年六月から同十年三月まで四年十か月間、優れた日本史研究者でもある照沼、関幸彦《せきゆきひこ》（のち日本大学文理学部教授）、嵐義人《あらしよしんど》（のち國學院大學神道文化学部教授）三先輩の列に加えていただき、小中高等各学校の日本史あるいは社会科の教科書の検定業務に従事しました。

当時は、家永三郎《いえながさぶろう》先生（東京教育大学名誉教授）の執筆に関わる、いわゆる教科書検定裁判が継続中であり、教科用図書検定制度（以下、検定制度）への批判が人々の耳目を集める時代でした。特に私の個人的研究分野である日本近現代史は、報道関係者の注目点の一つでした。その中で、三先輩とともに粛々と職務に精励できたことは幸いでした。いわゆる家永裁判は、在職中の平成九（一九九九七）年に最高裁判所判決をもって終結しました。その間、着任間もない時期に宮澤喜一《みやざわきいち》内閣が退陣し、昭和三十（一九五五）年の結党以来政権を担ってきた自由民主党が野党となる事態が起きました。新たに発足した細川護熙《ほそかわもりひろ》内閣（日本新党を中心とする非自民・非共産の八党派連立政権）の赤松良子《あかまつりようこ》（元労働省婦人局長）文部大臣が、検定制度について、今後は合理的に行う旨の発言を行い、それを不可解に思ったことを覚えています。しかし、同内閣は一年ともたずに退陣し、次の羽田孜《はたつとむ》内閣（新生党を中心とする非自民・非共産の十党一会派の連立内閣。赤松文相は留任）も約二か月で退陣してしまいました。そのあと日本社会党の党首村山富市《むらやまとみいち》を首班とする自民・社会・新党さきがけ三党連立内閣（文相は与謝野馨《よさのかおる》、のち島村宜伸《しまむらよしのぶ》）が発足し、従前の保守対革新という図式では考えられなかった事態が起き、冷戦終焉（ソ連や東欧諸国に見られた共産主義体制崩壊）後の時代の変化を実感することとなりました。阪神・淡路大震災やオウム真理教による地下鉄サリン事件（共に平成七〈一九九五〉年）が発生したのは同内閣の時でした。次いで、自民党総裁が首相に返り咲き、橋本龍太郎内閣（文相は奥田幹生《おくだみきお》、のち小杉隆《こすぎたかし》、町村信孝《まちむらのぶたか》）となりました。

こうした時代の変化を反映してなのか、在職期間末期には、教科書への批判に家永裁判の頃とは色合いの違うものが加わりました。周知の通り、教科書、とりわけ日本史や社会科の教科書の記述を日本人としての自信と責任が持てるようなものにすると主張する執筆陣が登場したのでした。しかし、そうした変化の中でも調査官の職務は日々粛々と行われました。検定制度を批判し続けた家永先生が、そうした変化への対応を検定制度に絡めることなく、これまで通りの姿勢を表明なさったことは首尾一貫したことでした。

調査官の職を退くと同時に、私は法政大学文学部史学科の教員に転じましたが、調査官としての職務経験は、その後の研究・教育に大いに役立ちました。省内関係職員の方々の職務上のご教示、ご助言もあり、文章ないし口頭での表現について、関係する法律・規則等に則っていることは言うまでもなく、贅言を排し、理解しやすく、誤解や他の解釈を生じない表現に努めるようになり、また、職務に関する外部の様々な反応に対する適切な対応を事前にも、事後にも心がけるようになりました。これらは法大定年退職（令和四〈二〇二二〉年三月）後の今に至るまで自己規律として続いています。

在職中に面識を得ることとなった多くの研究者の中に、ひときわ印象深い方々がいらっしゃいます。まずは先輩調査官の時野谷《ときのや》滋《しげる》先生（関東短期大学学長）です。先生は時々調査官室に足を運ばれ、ご退職後に着任した私にも言葉をかけてくださり、ご著書『日本制度史論集』を賜りました。村尾《むらお》次郎《じろう》先生以来の調査官の歴史の重みを伝えてくださった得難い先生でした。同じく先輩調査官の目崎《めざき》徳衛《とくえ》先生（聖心女子大学名誉教授）にも目をかけていただき、賜ったご著書『古人への存問』は私の愛読書となりました。さらに検定調査審議会の委員として、池井《いけい》優《まさる》先生（日本外交史、慶應義塾大学名誉教授）も均整のとれた歴史叙述の大家として私のお手本の一人となりました。先生のご著書『日本外交史概説』は、その一冊です。照沼先輩とご一緒して、先生に委員への就任要請をお伝えする任を帯び、研究室をお訪ねした時の記憶が今も鮮明に残っています。学識・文才は勿論、先生の穏やかな紳士ぶり、そして群を抜く洒脱な話術に驚嘆し、魅了されてしまいました。

その他、在職中に充実感の得られた楽しい思い出として、照沼先輩を含む調査官有志と一緒に休暇を利用して行楽に興じたこと、調査官の部内研修の一つとして迎賓館赤坂離宮と新国立劇場見学の企画・手配に携わったこと、省内の剣道愛好会会員に加えていただき体育局所属の実力者の方々から直接ご指導いただいたこと（ちなみに、小杉文相はランニング愛好大臣でした）、省内およびその他の霞が関諸官庁の福島県（私の郷里）出身者と同県関係者の懇親を旨とする会合に参加させていただいたこと（退職後もお誘いいただきました）等々があります。調査官時代のさまざまな経験は、私の人生の宝物、活力源になっています。

最後に、多才の人、愛妻の人、照沼先輩の今後益々のご健勝とご活躍をお祈り申し上げ、擱筆致します。

（元法政大学教授）

照沼康孝氏との十八年間

村瀬信一

照沼康孝氏からの教科書調査官就任へのお誘いをお受けすると決めた時、結局こうなったか、という思いが頭をよぎった。今からほぼ四半世紀前である。同じお誘いを過去二回、照沼氏から頂いていた。一度目は昭和五十九（一九八四）年、まだ博士課程一年の年である。その時は、近現代史を専門とする調査官をもう一人採用、という方向性が明確に定まっていたのではなく、それ自体が想定された複数の選択肢の内の一つであるということであり、そうなった場合受けてくれるか、だったのである。二度目が、照沼氏の回顧録にもある平成五（一九九三）年初頭である。

実は、二度とも本音では同じ理由でお断りしている。もっと業績を積み上げればもう少しよいポストに就けるのではないかと考えたのである。今思えば、何と牧歌的で長閑な夢に取り憑かれていたことか。三度目の正直で受けることにしたのは、二つの私大での併せて十一年間の勤務に精神的にも肉体的にも疲れ果てたこと、家族の生活、特に二人の子供の将来を考え、より堅い身分保障とよりよい待遇を求めたことが直接の動機であったが、長閑な夢をもう信じられなくなっていたからでもある。柄にもないニヒリズムが、結局こうなっちまったか、という思いにつながったのだろう。

かくして私は平成十二（二〇〇〇）年四月、文部省（翌年に文部科学省になった）初等中等教育局教科書調査官となった。ニヒリズムで始まった役人稼業だが、予想をはるかに超えて多くのものを学んだ。研究者としての気概を持つ同僚たちの有り難さ、過去の自分の視野の狭さ、検定業務はストレスもあろうが何とかこなせると楽観した、直近の自分の甘さ等々。大学に勤めていたら決してできなかった、人間修業の場であった。それが可能になったのは、照沼氏も含む調査官の先達の方々のご努力のおかげだったと思う。

しかし、それにしても照沼氏の存在の大きさは印象的であった。調査官になって間もない頃、どのような事案であったかは忘れたが、処理に困る問題が起き、その際にたまたま不在だった照沼氏の意見を訊いた上で決めようという結論になった。その時、世界史担当の室井《むろい》俊通《としみち》調査官が「困った時の照沼さんだから……」と呟やかれたことが今も忘れられない。実際、同僚として働いてみると、照沼氏の仕事ぶりは水際立っていた。学識はもとより、一流のキャリア官僚もかくやと思える行政的センス、バランス感覚の賜であったが、人格の力も当然あっただろう。

照沼氏の調査官就任の翌年か翌々年くらいであったか、当時東京大学教養学部教授であられた鳥海《とりうみ》靖《やすし》先生から、先日、教科書の著者と担当調査官という立場で照沼君に会った、照沼君は検定意見の根拠を丁寧に説明してくれるので教科書会社にも評判がいいようだ、とお聞きしたことがある。誠実さが信頼を生んだのだろう。付け加えると、教科書課の事務方からの信頼も絶大であった。

だが、組織とは不条理なもので、高い能力と人格を兼ね備えた人物に負担が集中することになっている。私が同僚であった十八年間、ともに学生であった頃には見たこともないような、疲労感・倦怠感、時には絶望すら漂わせる表情を照沼氏が浮かべている瞬間を何度も目撃した。それは辛い光景であった。せっかく拾ってもらった身でありながら、自分の力量不足から充分に助けてあげられないこともまた辛かった。歴史教科書をめぐる言説状況の影響によるものである。

それについて、詳細は照沼氏の回顧録に譲るのが最も適切であり、礼儀でもあるだろう。ただ、「新しい歴史教科書をつくる会」検定申請本の初回検定に限定していえば、前例のない内容と、一申請本の検定の枠を越えた話題沸騰ぶりに直面し、歴史担当の調査官が総力戦で臨み、その労働量が半端ではなかったことが強烈な記憶として残っている。主査でも副査でもなかった私ですら、タクシー券をもらって帰ったことがあった。誰かが、当時人気のあったNHKのドキュメンタリー番組「プロジェクトX」の題材になるのではないか、と言ったが、それがあながち冗談に聞こえなかった。

それで検定がとにかく終われば、今度は照沼氏や私が、師伊藤隆《いとうたかし》氏との関係を取り沙汰された（少し後の沖縄戦の問題の時ほど激しくはなかったが)。それは単なる陰謀史観でとるに足らない、という理屈が通るのは歴史学界だけだ。世間はそうはいかない。研究者といえど世間の中で生きていくのであり、俗な世間なら陰謀史観も無視し得ない力を持つ。某巨大掲示板サイトでは八百長検定と書かれた。

照沼氏と同僚であった十八年間は、照沼氏が消耗する姿を目の当たりにする時間であった。あっという間だったような気もするが、単に疾風怒濤などという表現に還元したくない、重い時間であった。それが何を残したというのか――今は、まだそれを考えたくない。

(元文部科学省主任教科書調査官)

肌色の辞令と検定関係文書

高橋秀樹

平成十二（二〇〇〇）年九月一日、文部省に入った。庶務係長から伝えられていた時間に庁舎四階の教科書課に行き、隣の第一教科書調査官室に案内されたが、ほとんどの調査官はまだ出勤していなかった。「そんなに早く来なくてもいいよ」と言われ、翌日から皆さんに合わせた時間に出勤するようにした。

初日の午前中に事務次官室で行われた辞令交付式の印象は鮮烈だった。部屋の奥に事務次官、その左に人事課長がいて、ドアの外で待機していると、人事課長が「たかはし〜ひでき〜どの〜」と呼び上げた。思わず朝廷儀式の称唯《いしょう》のごとく「おおー」と返事をしそうになったが、そこは「はい」と返事して、前に進み、小野《おの》元之《もとゆき》次官から辞令を受け取った。A4用紙に横書きで「文部省　人事異動通知書」と書かれた正式の辞令と、一回り大きい肌色の厚紙（縦に四つ折りになる）に、墨書風の縦書きで氏名・任命文言・年月日・大臣名が書かれ、大臣印が押された辞令を渡された。調査官室に戻っ

21　正式な人事異動通知書と肌色の辞令

た後、照沼さんに連れられ、その肌色の辞令を持って省内をまわり、先方にその辞令を見せながら挨拶した。これが作法だという。「朝廷官人」になったことを実感した初日であった。

後から知ったところでは、この肌色の辞令は、戦前以来の辞令の形式を踏襲するもので、課長補佐級以上の官職への任命時に出されていた。宮内庁の友人などはもらっていなかったから、おそらく文部省のみに残存していた慣習だったのだろう。定年退職の照沼さんや、国立大学法人に異動する形となる三谷芳幸《みたによしゆき》さんには、退職時にも肌色の辞令が交付されたが、自己都合退職の形で私大に割愛となる私には交付されなかった。

二日目、照沼さんから「これ読んでおいて」と一冊の本を渡された。白い表紙に「12-34」という数字がスタンプされたA5判の本だった。その日からこの本、すなわち扶桑社の白表紙本との長い格闘が始まった。庁舎と隣の教育会館との間に造られたプレハブ会議室での日本史・世界史調査官六人の打ち合わせ、連絡室での課長以下事務方との会議が連日続いた。事務方との会議には局長や審議官が加わることもあり、会議のたびに検定調整専門官が更新した書類を作成したから、時には一日二バージョンの書類が配られた。終電の時間を過ぎ、タクシー券を渡されて帰ったことも何度かあった。

このときの日本史調査官の陣容は、実質的には、ベテランの照沼さんと四月入省の村瀬信一さんの近代史二人と、入省したての中世史の高橋のみであったから、入省の二か月後に発覚した旧石器捏造《ねつぞう》事件への対応や、翌年五月の韓国政府からの修正要求の前近代部分の対応は、高橋が主として担当することとなった。いきなりの修羅場から、いくつもの戦場をくぐり抜ける中で、実践的に調査官の仕事を体得していった。年度途中の入省なので、本来ならば翌年四月一日の四葉会歓送迎会で紹介され、挨拶することになるのだが、その場で紹介されることはなかった。後聞によると、すでに場慣れしていて、私が対象となる新人だと幹事の誰もが思っていなかったとのことだった。したがって、この会で挨拶したのは、十七年後の退職時の一回のみである。

週に数回は照沼さんと昼食をともにした。入省したころは大勢で他省庁の食堂や虎ノ門界隈の飲食店に行く習わしだったが、徐々に同行者が減り、丸の内勤務以降は二人で行くことが多くなった。検定に関すること、近代史に関することから、身辺の雑事、噂話まで、様々なことが話題にのぼった。

その会話を通じて調査官の「いろは」や勘所を教わった。仕事の上では、アクセルを踏み込みがちな高橋に、いいところで照沼さんがブレーキをかけてくれた。

本務の傍ら自由に研究させてもらったのもありがたかった。研究者として実証的な良い仕事をすることが検定の信頼性を高めるというのが、先人以来の教えであり、私もこれを実践しようと努めた。退職後、程なくして、ある学術雑誌の編集委員から、中世史研究は社会にどういう寄与ができるのかというテーマで検定のことを書いてほしいと頼まれた。その雑誌は検定批判急先鋒の左派系歴史雑誌だったから、驚くとともに、若い世代の研究者は教科書検定が社会に寄与していると認めてくれるようになったのだと嬉しくなった。ただし、まだ専門委員として検定に携わっているときだったので、残念ながら執筆はお断りした。

本書刊行の意義は少なくない。個々の事象について、内実が初めて明らかにされたことや、一面的な見解や言い分（後付けの自己弁護と責任転嫁）のみが流布していた問題に、もう一方の当事者が初めて発言したことも大きいが、最大の意義は大量の検定関係文書（私的メモ）の存在を公にした点であると思う。この文書には、作成日の異なる複数の調査意見書案、打ち合わせ・会議のメモ、省内説明資料、検定意見の根拠資料、歴史教科書に関する報道記事やそれへの対応に関する書類などが含まれている。行政文書の写しもある程度含まれているが、これも個人によって保管されていたことで、政府が定めている行政文書の定義から外れる。行政文書と位置づけられる最終的な検定意見書やその後の修正表については、特設会場や文科省ウェブサイトで資料公開されてきたが、この検定関係文書（私的メモ）によって、どの会議の場でどのような意見が出て、調査意見書がどう変わったのか、省内でどのような説明が行われて決裁されたのかという調査意見書・検定意見書作成に至る過程が初めて明らかになる。

これまで教科書検定の問題は、左派からも右派からも、執筆者・発行者である私たち＝善、文部省（文科省）・教科書調査官＝悪と決めつける運動論の図式の中でしか論じられてこなかった。この検定関係文書を用いることで、初めて日本史教科書検定に関する実証的研究の扉が開かれることになるだろう。

（國學院大學教授）

職人的学者としての教科書調査官

三谷芳幸

私が教科書調査官を務めたのは、平成十四（二〇〇二）年四月から平成二十七（二〇一五）年三月までの十三年間である。この間、日本史の四人は不動のメンバーで、大黒柱である照沼さんを、重鎮の村瀬信一さんと知恵者の高橋秀樹さんが支えるという最強の布陣のもと、最後に着任した最年少の私は、気楽な末っ子という立場で居心地よく仕事に取り組ませてもらった。

照沼さんから調査官の心得としてまず教わったのは、「広く薄く勉強せよ」ということである。歴史の教科書には、原始時代から現代におよぶ、多岐にわたる内容が含まれているので、調査官はまさに「人類の誕生から現政権まで」のあらゆる事象を扱わねばならない。そのため、幅広い時代とテーマに関心をもち、専門外の書籍を多読したり、芸術観覧の場に足繁く通うなどして、様々な基本的知識や文化的素養の獲得に努めることが求められる。この、業務に必要とされる守備範囲の広さが、一般の研究職とは異なる調査官という仕事の一つの特徴であろう。

一方で、照沼さんからは「研究なくして検定なし」という印象的な言葉も聞かされた。自分の専門とする時代・分野について、不断に研究を深化させ、最新の知見を把握するよう努力しなければ、研究者の執筆した教科書に、注文を付けることなどできないということだろう。調査官は職種としては行政職であるが、研究者としての本分を忘れてはならない、ということかと思う。文化・教養的な知識の広がりと、専門研究的な認識の深まりを、調査官はともに追求しなければならないわけだが、大言すれば、これは人文学を志すすべての人間にとって、当然目指すべき学者の本来的な姿であるともいえよう。

このような土台としての知的モラルに従いつつ、調査官はそれぞれの申請図書の調査にあたる。具体的には、記述の裏づけをとるために文献を博捜し、研究の現状に照らして、その記述が妥当であるかどうかを慎重に検証するのである。私の場合、半年ほどかけて申請図書を読み込み、疑問点を網羅的に抽出したあと、他の調査官や関係者からの指摘も加え、すべての問題事項を一か月足らずで集中的に調査していた。文科省にある文献は限られているため、非常勤講師を務める大学の図書館や大規模な公共図書館に通って、朝から晩まで文献をめくるという作業をした。その際、複数の資料にあたって、問題を多角的に検証することを肝に銘じていたので、一つの事項について、少なくとも三〜四冊の文献には目を通すようにしていた。粗雑な申請図書が多いと、調査事項が数百にのぼることもあり、そのような年には、延べ千冊ほどの文献を繙《ひもと》くことになる。こういう作業を短期集中で行うので、疲弊して体重が大幅に減少することもあった。

こうした泥臭い調査に基づいて、検定意見のもとになる調査意見を作成するのであるが、そこで要求されるのは、ある種の職人的センスともいうべき繊細な判断能力である。例えば、検定基準を逸脱していないかどうか、意見の論理構成に隙はないかどうか、行政処分としての継続性や公平性（それぞれ「タテ並び」「ヨコ並び」と通称される）を損なっていないかどうか、メディアを含む第三者に疑念を抱かせる点はないかどうかなど、様々な要素を勘案しながら、針に糸を通すようにして、一つずつ調査意見を確定していく。また、調査意見を文書化する際には、モトダスという入力システムを使用していたが、記述のどこからどこまでを意見の対象として引用するか、発行者や第三者に誤解の余地なく伝わるものになっているかどうか、といった点を考慮しながら、過不足のない意見文を迅速にまとめることが肝要である。これらはすべて、調査官に特有の職能といってよい。

しかし、調査官のセンスとして何よりも重要なのは、自分の考えを絶対視しない自己懐疑の精神であろう。論証が甘いと思えば、意見を付けずに自重することが必要であるし、意見の可否を判断するときには、自身の個人／研究者としての見解ではなく、必ず社会・学界の有力認識のほうを優先しなければならない。研究者の中には、自分の考えの正しさを信じ、それを声高に主張する人もいるが、そういう自惚れとこだわりの強いタイプの人間には、調査官という職業は務まらないだろう。検定に必要なのは、没我的な冷めた感覚と、しなやかな抑制の姿勢であり、調査官とは、そうした精神に基づいて、陽のあたらない職人仕事に黙々と従事することのできる、慎み深い学者たちであるといってよいと思う。私にとっての照沼さんは、そのような調査官の理想像を体現した、手本とすべき品位ある大人であった。

サイレント・マイノリティである教科書調査官の実像は、なかなか世間に伝わりにくい。私が務めていた時期は、沖縄戦をめぐる検定問題のほかに、公務員バッシングの時代風潮もあり、調査官に対する風当たりには厳しいものがあった。国家権力の末端に連なる者として、正当な批判は甘受しなければならないが、数ある言説の中には、認識不足や悪意による決めつけも少なくない。本書の刊行が、そうした状況に一石を投じ、検定と調査官に対する理解の増進をもたらすことを願ってやまない。

（筑波大学教授）

関係年表

高橋秀樹

西暦(年号)	主な事項	教科書調査官	教科書課長	首相・大臣
一九八二(昭和57)	4 家永二次訴訟最高裁判決 6「侵略・進出」報道 7 外交問題化 11 検定基準に近隣諸国条項追加	時野谷滋(主) 嵐義人 森茂暁	藤村和男※	鈴木善幸(首) 小川平二(大) 11 中曽根康弘(首) 瀬戸山三男(大)
一九八三(昭和58)	4 高校日本史教科書検定年度	10 照沼康孝入省	6 小埜寺直巳※	12 森喜朗(大)
一九八四(昭和59)	4 小学校社会科教科書検定年度 8 臨時教育審議会発足			11 松永光(大)
一九八五(昭和60)	4 中学校歴史教科書検定年度	1 寺田登入省 3 時野谷滋(主) ・森茂暁退職 4 関幸彦入省		12 海部俊樹(大)
一九八六(昭和61)	3 皇太子夫妻訪韓予定を発表 家永一次訴訟東京高裁判決		7 御手洗康※	7 藤尾正行(大) 9 塩川正十郎(大)

西暦（年号）	主な事項	教科書調査官	教科書課長	首相・大臣
	5「日本を守る国民会議」の教科書検定申請報道 6中国・韓国との外交問題に発展 7『新編日本史』（原書房）検定合格 9藤尾正行文相罷免			
一九八七（昭和62）	2『新編日本史』（原書房）発行 4臨教審、検定制度の維持強化を答申			11竹下登（首） 中島源太郎（大）
一九八八（昭和63）	4中学校歴史教科書検定年度 7教科書検定課・教科書管理課を教科書課に統合 8検定審、「教科書検定改善の骨子」を発表		7御手洗康	12西岡武夫（大）
一九八九（平成元）	3小学校・中学校・高等学校学習指導要領告示（四二人の人物例示、日本史A・Bに分かれる） 『詳解日本史』（三省堂）検定合格 4高校日本史教科書検定年度 検定規則・検定基準を改定		6矢野重典	6宇野宗佑（首） 西岡武夫（大） 8海部俊樹（首） 石橋一弥（大）

	6家永二次訴訟差戻審東京高裁判決 10家永三次訴訟東京地裁判決			
一九九〇(平成2)	4小学校社会科教科書検定年度 現行検定制度への移行			2保利耕輔(大) 12井上裕(大)
一九九一(平成3)	4中学校歴史教科書検定年度 12元「慰安婦」日本政府への補償要求を提訴			11宮澤喜一(首) 鳩山邦夫(大)
一九九二(平成4)	4高校日本史教科書検定年度 小学校学習指導要領施行		7清水潔	12森山真弓(大)
一九九三(平成5)	3家永一次訴訟最高裁判決 4中学校学習指導要領施行 8河野官房長官談話 10家永三次訴訟東京高裁判決	3寺田登異動 6長井純市入省		8細川護熙(首) 赤松良子(大)
一九九四(平成6)	4高等学校学習指導要領施行 小学校社会科教科書検定年度			4羽田孜(首) 赤松良子(大) 6村山富市(首) 与謝野馨(大)
一九九五(平成7)	4中学校歴史教科書検定年度 8村山談話		7高塩至	8島村宜伸(大)

西暦(年号)	主な事項	教科書調査官	教科書課長	首相・大臣
一九九六(平成8)	4高校日本史教科書検定年度 6中学校歴史教科書全点に慰安婦掲載			1橋本龍太郎(首) 奥田幹生(大) 11小杉隆(大)
一九九七(平成9)	1新しい歴史教科書をつくる会発足 2教科書議連設立 4高校日本史教科書検定年度 8家永三次訴訟最高裁判決		7月岡英人	9町村信孝(大)
一九九八(平成10)	4小学校社会科教科書検定年度 11福地主任教科書調査官解任 12小学校・中学校学習指導要領告示(ゆとり教育)	3関幸彦・長井純市退職 4福地惇(主)入省		7小渕恵三(首) 有馬朗人(大)
一九九九(平成11)	3高等学校学習指導要領告示 8国旗国歌法成立 9検定規則実施細則改定、検定意見通知の文書化 10西尾幹二『国民の歴史』発売	11福地惇異動	7大槻達也	10中曽根弘文(大)
二〇〇〇(平成12)	4小学校・中学校同時検定年度。新しい	4村瀬信一入省		4森喜朗(首)

	歴史教科書をつくる会関係者執筆教科書の検定申請 10 野田審議委員問題 11 旧石器捏造事件	9 高橋秀樹入省		中曽根弘文(大) 7 大島理森(大) 12 町村信孝(大)
二〇〇一(平成13)	1 省庁再編により文部科学省となる 4 『新しい歴史教科書』(扶桑社)検定合格 高校日本史教科書検定年度 5 中韓修正要求 7 朝鮮古代史部分の訂正申請 10 日韓首脳会談で歴史共同研究を合意			1 町村信孝(大) 4 小泉純一郎(首) 遠山敦子(大)
二〇〇二(平成14)	4 小学校・中学校学習指導要領施行 高校日本史教科書検定年度 5 日韓歴史共同委員会発足 7 検定審「教科書制度の改善について」答申 8 検定規則・検定基準改定	4 三谷芳幸入省	7 片山純一	
二〇〇三(平成15)	4 小学校社会科教科書検定年度 高等学校学習指導要領施行 12 学習指導要領改正			9 河村建夫(大)

西暦（年号）	主な事項	教科書調査官	教科書課長	首相・大臣
二〇〇四（平成16）	1文部科学省丸の内移転 4中学校歴史教科書検定年度。扶桑社本検定申請	4照沼康孝（主）昇格		9中山成彬（大）
二〇〇五（平成17）	4『新しい歴史教科書』（扶桑社）検定合格 高等学校日本史教科書検定年度 6日韓歴史共同研究報告書公開		7山下和茂	10小坂憲次（大）
二〇〇六（平成18）	4高等学校日本史教科書検定年度 新しい歴史教科書をつくる会分裂 10日中外相会談で歴史共同研究開始を合意 12沖縄戦の集団自決記述に検定意見を付す 日中歴史共同研究開始 教育基本法改正			9安倍晋三（首） 伊吹文明（大）
二〇〇七（平成19）	3沖縄戦検定報道 6第二期日韓歴史共同委員会発足 10衆議院文部科学委員会で日本史教科書調査官問題が取り上げられる		7伯井美徳	9福田康夫（首） 渡海紀三朗（大）

	12沖縄戦記述訂正申請に関する日本史小委員会報告書取りまとめ。沖縄戦記述訂正申請			
二〇〇八(平成20)	1文部科学省虎ノ門新庁舎移転 3沖縄戦検定意見取消を松山地裁に提訴 小学校・中学校学習指導要領告示 4自由社本検定申請			8鈴木恒夫(大) 9麻生太郎(首) 塩谷立(大)
二〇〇九(平成21)	3高等学校学習指導要領告示 4『新しい歴史教科書』(自由社)再申請合格 小学校社会科教科書検定年度 12松山地裁請求棄却判決		7森晃憲	9鳩山由紀夫(首) 川端達夫(大)
二〇一〇(平成22)	1日中歴史共同研究報告書発表 3第二期日韓歴史共同研究報告書公開 4中学校歴史教科書検定年度 11沖縄戦検定意見取消請求高松高裁判決			6菅直人(首) 川端達夫(大) 9高木義明(大)
二〇一一(平成23)	3東日本大震災 『新しい歴史教科書』(自由社)『新しい日本の歴史』(育鵬社)検定合格			9野田佳彦(首) 中川正春(大)

西暦(年号)	主な事項	教科書調査官	教科書課長	首相・大臣
	4 高等学校日本史教科書検定年度 小学校学習指導要領施行 大江健三郎・岩波書店沖縄戦裁判最高裁判決 12 沖縄戦検定意見取消請求最高裁判決			
二〇一二(平成24)	3『最新日本史』(明成社)検定合格 4 高等学校日本史教科書検定年度 中学校学習指導要領施行		8 永山裕二	1 平野博文(大) 10 田中真紀子(大) 12 安倍晋三(首) 下村博文(大)
二〇一三(平成25)	1 首相、教育再生実行会議を設置 4 小学校社会科教科書検定年度 高等学校学習指導要領施行	4 照沼康孝(主) 定年延長 村瀬信一(主) 昇格		
二〇一四(平成26)	1 検定基準改定(近現代数字・政府見解追加) 4 中学校歴史教科書検定年度 10 中教審、道徳の教科化を答申 11 自由社・学び舎本不合格		7 望月禎	

二〇一五(平成27)	3特別の教科道徳の学習指導要領告示 4『新しい歴史教科書』(自由社)『ともに学ぶ人間の歴史』(学び舎)再申請合格 高等学校日本史教科書検定年度(日本史A最後の検定)	3三谷芳幸退職 4鈴木正信入省 村瀬信一(主)定年延長		10馳浩(大)
二〇一六(平成28)	4高等学校日本史教科書検定年度(日本史B最後の検定)	4照沼康孝再雇用		8松野博一(大)
二〇一七(平成29)	1文科省天下り問題 3小学校・中学校学習指導要領告示 11高大連携歴史教育研究会、歴史用語の精選を提案		2梶山正司	8林芳正(大)
二〇一八(平成30)	3高等学校学習指導要領告示(歴史総合・日本史探究となる)	3照沼康孝・高橋秀樹退職		

年表内のゴチック体数字は月。教科書調査官欄の(主)は主任教科書調査官。教科書課長欄の※は教科書検定課長。首相・大臣欄の(首)は首相、(大)は文部大臣・文部科学大臣。

あとがき

本書は、「はじめに」にも記したように、ほとんどが筆者の記憶によって書かれている。そのため、正確とはいいがたい部分がある。そこで畏友高橋秀樹氏、そして村瀬信一氏が手を入れてくれた。さらに高橋氏は全体にわたり極めて詳細な注を付して下さった。深く感謝する次第である、またお一人は吉川弘文館に交渉して出版にこぎつけてくれた。重ねて感謝する以外にない。刊行に際して、かつての同僚の方々も文章をお寄せ下さった。ありがたいことである。このような書籍の出版にご同意いただいた吉川弘文館にも深く感謝したい。

これまであまり明らかではなかった教科書検定について、その一端を、筆者の体験を振り返りながら記した。従来の出版物には、多くの誤りがあり、また誤解に基づく点もあったが、本書によってそれらが少しでも解消されれば、筆者にとって幸いである。

令和七年二月二十日

照沼康孝

著者略歴

一九五二年、東京都に生まれる
一九七六年、東京大学文学部国史学科卒業
一九八三年、東京大学大学院博士課程単位取得満期退学
元、文部科学省初等中等教育局主任教科書調査官

〔主要編著書〕

『真崎甚三郎日記』（共編、山川出版社、一九八一年）
『陸軍　畑俊六日誌』（共編、みすず書房、一九八三年）
『近代日本の政治構造』（共著、吉川弘文館、一九九三年）
『日記で読む近現代日本政治史』（共著、ミネルヴァ書房、二〇一七年）

日本史教科書検定三十五年
教科書調査官が回顧する

二〇二五年（令和七）四月二十日　第一刷発行

著　者　照《てる》沼《ぬま》康《やす》孝《たか》
発行者　吉川道郎
発行所　株式会社 吉川弘文館
郵便番号一一三―〇〇三三
東京都文京区本郷七丁目二番八号
電話〇三―三八一三―九一五一〈代表〉
振替口座〇〇一〇〇―五―二四四番
https://www.yoshikawa-k.co.jp/
印刷＝株式会社 三秀舎
製本＝株式会社 ブックアート
装幀＝黒瀬章夫

ISBN978-4-642-08477-2